लहू में फँसे शब्द

[कविता संग्रह]

लहू में फँसे शब्द

श्याम कश्यप

राजकमल प्रकाशन
नयी दिल्ली पटना इलाहाबाद

ISBN : 978-81-267-2208-2

मूल्य : ₹ 250

पहला संस्करण : 2012

प्रकाशक : राजकमल प्रकाशन प्रा. लि.
1-बी, नेताजी सुभाष मार्ग
नई दिल्ली-110 002

शाखाएँ : अशोक राजपथ, साइंस कॉलेज के सामने, पटना-800 006
पहली मंजिल, दरबारी बिल्डिंग, महात्मा गांधी मार्ग, इलाहाबाद-211 001

वेबसाइट : www.rajkamalprakashan.com
ई-मेल : info@rajkamalprakashan.com

आवरण : महेश्वर

मुद्रक : बी.के. ऑफसेट
नवीन शाहदरा, दिल्ली-110 032

LAHOO MEIN PHANSE SHABAD
Poems by Shyam Kashyap

अभिन्न मित्र नन्दकिशोर नवल को

तात-मातु, गुरु-सखा तू सब बिधि हितु मेरो।
तोहिं मोहिं नाते अनेक, मानिए जौ भावै।

अनुक्रम

॥ बोलो बोलो बोलो ॥

मैं सुन रहा हूँ कान लगाए
धरती के भीतर नीचे कहीं
बीज के चटखने की आवाज़

आज नहीं तो कल अंकुर फूटेगा।

बोलो कि सच यही है यही है...

न हिलें न हिलें तिल भर भी
तिलिस्म के ये रुद्ध द्वार
कुछ नहीं तो कम-से-कम चुप्पी का डर टूटेगा
यक़ीन करो इसी तरह धीरे-धीरे घुमड़कर तूफ़ान उट्ठेगा!

॥ छोटी-सी आशा ॥

कहाँ चल दिए
कहीं नहीं??
कुछ भी तो नहीं

फिर बचा क्या है अब
कुछ कहने और करने के सिवा

जहाँ आग नहीं है
बर्फ़ की सिल्लियों में ठूँठ--
फूटेंगे कल्ले
जहाँ लहू गिरा है
खिलेंगे शब्द–
सुर्ख़ फूल बन कर

भाषा कमान से छूटे तीर की तरह...

॥ सूर्योदय हेमंती ॥

हवन कुंड से फूटता है
उमग कर फूल आग का
लपकती रक्ताभ-स्वर्णिम
खिली पँखुड़ियों के साथ।

ज्योति-स्फुलिंगों-से
झरते हैं पराग-कण

गुनगुनी चिनगारियों को लोक कर
हम अपने ठिठुरते हाथ सेंकते हैं!

॥ बारिश-बदली ॥

पानी के बोझ से झुक आई थी
सलेटी साँवली सलोनी
उम्मीद-वर बदली–
अलस सुस्ता रही थी थकी-सी
बरसने से पेश्तर
हरी-हरी पहाड़ियों के काँधों से टिकी।

ओट में छिपे अस्ताचलगामी सूर्य की
रक्तावरण स्वर्ण-रश्मियाँ
फूट पड़ी थीं बाहर–
इन्द्रधनुष के चटकीले रंग बन कर।

॥ सूर्यास्त ॥

दिन-भर की बेतहाशा
दौड़-भाग से थकी
हाँफती हुई पृथ्वी–
घोड़े की पीठ की तरह
रह-रह कर लगातार काँपती है

मुँह से गर्म-गर्म
फेन गिराती–
ख़ून के रंग में रँगी हुई
खौलते सागर की सतह पर।

गैस के ग़ुब्बारे की तरह
फैलता जा रहा है
फूल कर आकाश–
पक्षियों को राह देते हुए।

घुलती जा रही है लालिमा
आसुरी-घन-कालिमा में।

आक्षितिज अदृश्य
तनी रस्सी पर
संतुलन साधते-साधते
एकाएक गिर पड़ता है रश्मि-रथि
सूर्यनाथ–

पक्षियों का तूर्यनाद
सागर की उफनाती लोल लहरों पर!

लौट आते हैं हम
जुहू-बीच के
सागर-तट से
ख़ाली सीपियाँ और शंख बटोरते

आकाश में बिखरते
शीतल मोतियों की छाँह-तले।

॥ रात रुपहली ॥

सेमल के तकिए पर
सिर रखते ही
बादलों को नींद आ गई

आँख मिचमिचाने लगे
शरारत से तारे–

चाँद सीटी बजाने लगा
फूलों वाली नीली रज़ाई से
मुँह बाहर सरका कर–

अपने सारे पत्ते गिरा
पेड़ अलफ़ नंगे हो गए
बारिश के बाद–
शर्म धोकर हददर्ज़ा बेशरम

मुँह चुरा कर भाग गई
शरम से पानी-पानी हुई रुपहली रात।

॥ सलोनी रात ॥

मस्ती में झूमते
खिलखिलाते
बादलों से
घिर गई सलोनी रात

कुचली हुई भीगी पत्तियों की
तेज़ मादक गंध में डूबी...

सनसनाती वायु के
हिंडोले से उतर कर
आ रही थी जो
साँवली सलज्ज मंथर गति

झुकी पलकों
खुली अलकों
श्लथ गात
अस्त-व्यस्त
वसनों वाली
साँवली-सलोनी रात!

॥ शिशिर में सुबह ॥

दूर हटता जाता है
दृश्य धुँधलाता हुआ
हम जितना ही आगे बढ़ते हैं

हर चीज़ दीख पड़ती है
कुछ काँपती हुई-सी–

फीके पड़ गए हैं रंग सभी
वनस्पतियों इमारतों
और लोगों की आकृतियों के
कोहरे और धुन्ध की–
धवल पारदर्शी चादर के पीछे छिपकर।

ठिठुरती हवा के झोंकों के साथ
झर पड़ती हैं पेड़ों से–
पत्तियों में दुबक कर सोई
मोतियों की बेशुमार लड़ियाँ।

मुरझाया हुआ-सा सूरज भी
रात के उनींदे–
किसी शराबी की तरह
ख़ुमारी में धीरे-धीरे सिर उठाता है।

सतरंगे इन्द्रधनुष उड़ाते हैं
फिर दूब के हरियल मैदान
लश्कारे मारते–

खेतों के ऊपर झुके
तैरते हैं शोहदे भाप के बादल!

॥ स्वप्न-यामिनी ॥

मुझे पता नहीं चला
नींद की गहरी घाटी में
लुढ़क जाने के बाद–

रात मैं चुपचाप
उसके सपनों में
चला गया था–
किसी को भी कुछ कहे बग़ैर।

वो मेरे सपनों में
झूला झूल रही थी

अम्बियों की महक से घिरी
चोरी-छुपे चोरी-छुपे
कच्चे अमरूद चबाती।

काले पुराने
शहद की तरह
बहती रही गाढ़ी रात
सुगंध की ख़ामोशी में डूबी

अपने नाज़ुक
कोमल सीने में लिये
मधुमक्खियों के टूटे हुए डंक!

काली रात का
चाँद भी तो
काला होता है
सियाह बादलों के संग

घुले होते हैं जिनमें
इन्द्रधनुष के लचीले
सातों के सातों रंग...

डूबता जाता है जहाँ
आलिंगनबद्ध अंग-अंग!!

॥ प्रणय-राग : एक ॥

घन-मेघ-भार ढाल भाल
रक्तिम कपोल लोल–
बुरूँश के फूलों की पत्तियों-से
विकंपित होंठ लाल-लाल।

समर्पित गेह–
ज्वरावेश आड़ोलित नेह

जैसे बिजलियों की कड़क
लता-लता-सी लिपट
काँपती ज्योतित–
आलिंगन में कसी-गुँथी देह-देह।

॥ प्रणय-राग : दो ॥

तुम्हारे सीने के नर्म
घोंसले से बाहर फुदक
चहकने लगे हैं नन्हे दो तीतर

तीखी चोंच उनकी
नुकीली बर्छी-जैसी
मेरे दिल में अटक गई है बिंधकर।

मेरी बाँहों में
बँधी कस कर
चिपकी होंठों से निशब्द
कुछ ऊपर को उठ आई हो तुम

जहाँ आत्मा की परछाईं
दो जिस्मों के भीतर
तिरछी गिर रही है
काँपती हुई लौ में थरथराती-सी!

जैसे दूर किसी
जल-प्रपात का शोर
बह रहा हो धीमा
असंख्य-अनंत बूँदों में
टूट कर बिखरने से पेश्तर।

॥ प्रणय-राग : तीन ॥

बिजली की तीव्र
कौंध की तरह
बाँहों में फिसलता
सुतल ताँबई जिस्म

कसी हुई
कमान की तरह
तनी प्रत्यंचा-सी थरथराती देह
छूटने-छूटने को तत्पर तीर!

अग्नि-अश्व के
लपलपाती लपटों की तरह
उड़ते अयालों-से
लहराते सुनहरे केश।
नील-लोहित लाल
पुतालियों को–
ढँक रहीं दो सीपियाँ

ज्योति का जगमग
झरझर झरना
जहाँ से राग धीमा बह रहा...

अंगूर की बेलों पर
झुकनें लगीं मदभरी
महकती हुईं–
सेब की रसभरी डालियाँ!

॥ काली हिरनी ॥

मेरे दिल में
कुलाँचें भरती है
एक काली हिरनी

मन करता है मेरा
कि मैं बन जाऊँ एक
हिरन चितकबरा–

अपने सुन्दर
सींग की नोक से
खुजलाऊँ धीरे से
हिरनी की–
बड़ी-बड़ी आँखों की कोर

नाभि से उड़ाता कस्तूरी-गंध!

॥ पृथिवी की नाभि ॥

गर्विता पच्छिमाभिमुखा
नई नवारि नर्मदा से
रूठ कर बेवज़ह
चला गया पूरब
सरसराता सोनभद्र

पृथिवी की नाभि है
अमरकंटक–
हृदय में जिसके
गड़ा है शूल-सा
शिव के त्रिशूल-सा
आज भी यही कंटक

सतत प्रवाहित–
आँसुओं की दो धार बीच।

॥ बिना नाम वाली लड़की ॥

मैं तो निहारता हूँ
भर-भर अँखियाँ
झूला झूलती हुई–
एक शोख़ लड़की को

लड़की तो पींग बढ़ाती
नरम बादलों में
सरक जाती है
पूनम का चाँद बन कर।

मैं तो पुकारता हूँ
शहद-जैसा मीठा
नाम ले-लेकर–
बिना नाम वाली एक
लड़की को...

गूँजने लगती है धरती
निनादित आकाश उस नाम से!

लड़की तो मस्ती में
'हीर' गाने लगती है
कानों की मोती-जड़ी लम्बी
बालियाँ झुलाती–

मैं तो डूबा हूँ
घुटनों-घुटनों
एक लड़की के प्यार में

लड़की तो तैर कर
चली जाती है–
अपनी उमरों के
पचास पहाड़ों के पार!

मेरे प्यार में
भीगी हुई लड़की
भर-बरसात में
दौड़ कर–
छाता लेकर आती है
मुझे भीगते हुए देख कर।

॥ लड़की चिड़िया बन गई ॥

इमली पेड़ की
छाँव-तले–
मैं कविता लिख रहा था।

वह आई...
मेरा रूमाल बिछा कर
बैठ गई फिर धीरे से
शरमाती हुई कुछ तिरछी-सी।

कविता की कॉपी के
वरक़ों पर लेट कर
वह फैल गई फिर
हरी-हरी रोशनाई-सी
हवा में गुलाबी सुगंध भर!

कविता कहाँ गई...

मैंने कहा
मेरी कविता
कहाँ गई अभी-अभी

उसने कहा
मैं हूँ ना–

गोरी लड़की
काली चिड़िया बन
आम की फुनगी पर
टँग गई...

मैंने
देखा
डालियाँ
बौर से
झुकने लगी हैं
मेरे गले से झूल कर

सतरंगी सरगम से
गूँजने लगी हैं अमराइयाँ!!

॥ बाँसुरी बजा रहा था ॥

बाँसुरी बजा रहा था
नीचे कोई–
बाँसुरी बजा रहा था
घिरते अँधेरों में।

मैं बरफ़ीले शिखरों को
देख रहा था–
खिड़की की चौखट से
पीछे हटते जाते धीरे-धीरे-धीरे।

गाल फुलाए बादल
तभी मेरे कमरे में घुस आए
खिलखिल खिलखिलाकर–
गेंद में बदल गए फिर फ़ौरन!

मैंने छरहरी छड़ी-सी
लम्बी लड़की से कहा
लो, खेलो-खेलो–
रौशन मैदान में बास्केट बॉल खेलो!

लम्बी लड़की
छलाँग लगाकर
बादलों के झुंड में गुम हो गई।

मुझे पता नहीं चला
मैं तो सो रहा था
काला कम्बल ओढ़े
नीचे बरामदे में थक कर।

चटक चाँदनी रात में
समुद्र मेरे बिस्तर में
घुस आया–
घुटनों-घुटनों फेन उड़ाते।

सिमट कर फिर सिन्धु सब
पानी-भरा टब बन गया
सातों महासागरों का कुल नील-जल।

होमवर्क से ऊबे
चिलबिल्ले लड़के से मैंने कहा
लो, बनाओ-बनाओ–
पन्ने फाड़-फाड़ कर गणित के नाव बनाओ!

शरारती लड़का जीन्स पहनकर
नाव में बैठ परदेस चला गया
सातों के सातों सागरों और सातों महाद्वीपों के पार...

‖ पृथ्वी की तरह डोलता प्रेम ‖

भूरी सख़्त काली
धरती की छाती फोड़
बाहर फूटे अँखुए-सा
दूधिया नया–
कोमल होता है प्यार
बर्छी की हरी-हरी नोक जैसा तीखा!

इन्सान की असमाप्त
तक़लीफ़ की तरह
आदिम और पुरातन

मादक अनुराग-भरे गीतों-सा
प्रेम पृथ्वी की तरह डोलता
माँ के स्तन से बहती ममता-सा मीठा!

यम के पंजे मरोड़ता
सन्नद्ध खड़ा है प्रेम
सृष्टि के आरम्भ से
जगमगाता सदा–
काल की कसौटी पर स्वर्ण-रेख-सा!

प्रेम के बिना सूनी
मौत की घाटी में
बदल जाती है दुनिया
प्यार से बन जाता है
सारा जहाँ बस अपना!

सारे संसार को रौंदते
सौदागरों की नाक काट सरे-बाज़ार
प्रेम-दुंदुभि बजाता है प्यार–

ज्वालामुखी-विस्फोट से पहले
उछलकर ख़ून की तरह
उबलता है प्यार...

पलने लगता है
नन्हे-से दिल में
उमग कर–
सुख-शान्ति और सौन्दर्य के
इन्द्रधनुषी रंगों का घुला-मिला
मह-मह महकता सदाबहार सपना!

॥ पृथिवी मेरी बाँहों में ॥

पृथिवी एक शब्द है
नाद-ब्रह्म घोष–
लाखों-करोड़ों वर्षों के
गहन अनुभवों की गूँज।

सौन्दर्य-स्फोट है पृथ्वी
आभा अपनी झलकाती

आत्मा की गहराइयों में कोमल
एक रहस्यमय रूप...

पृथिवी रसवंती है
कपिला कामधेनु-सी
प्रवाहित नसों के संजाल में
अमृत की गोरस धार...
पृथिवी एक गंध है
नासापुटों को झनझनाती
सतरंगी ऋतुओं से फूटती
मादक और मोहक महक...

पृथ्वी एक स्पर्श है
चाक्षुष आकार से परे
ममतामयी उँगलियों का
थरथराता जादुई संवेदन...

मेरा प्यार है पृथिवी
मेरी बाँहों के घेरे में
अनंत जीवन की–
अजस्त्रा दिपदिपाती अजर-अमर लौ!

॥ विंध्याटवी वनों में ॥

प्रज्वलित सिंदूरी
लपटों की तरह
तने खड़े थे–
पत्रहीन पेड़ टेसू के

विंध्याटवी वनों में
सिर पर अंगार के–
छतनार मंडप सजाए!

हम रीवाँ से शहडोल
जाते हुए खुली जीप में
इन वनों से गुज़रते–
जैसे खेलते हैं जी-भर कर फाग।

॥ अजयगढ़ की घाटियाँ ॥

पन्ना से अजयगढ़ जाते हुए
जैसे प्याली के पेंदे में गहरे
उतर रहे हों हम गोल-गोल घूमते
दम साधे रफ़्तार पर क़ाबू पाते।

भागती साइकिल के पहियों में
चल रही हो जैसे प्रतियोगिता
अगले से आगे निकलने को आतुर
पिछला ऊपर उठ जाता है बेवज़ह

वज़न पीछे डालें संतुलन बनाते
तो उठ दौड़ता है अगला नकेल तुड़ा
आवाँगार्द कवियों की जमात की तरह!

एक पहाड़ उतरते ही घाटी में
अगला एक और पहाड़ सामने
पहाड़ के पार पहाड़ फिर और पहाड़
इस तरह कि हरियाली के बीच से
उग रही हों हरित दीवारें अनन्त!

निरन्तर उतरती जा रही हैं जैसे
घूमते चाक से हरी-हरी प्यालियाँ
हम एक घुमावदार गहराई से दूसरी में डूबते हैं!

॥ हमारे होने से ही सब ॥

हम नहीं होंगे जब कल
तब भी लोग रहेंगे
ख़त्म नहीं होंगी कभी
जीवन की असमाप्त कड़ियाँ

सदा हरा-भरा महकता रहेगा
जीवन का वृक्ष यहाँ इसी तरह।

हम नहीं होंगे जब कल
तब भी घूमती रहेगी पृथिवी
पृथ्वी पर फैलती रहेगी हरियाली
हरियाली में हिले-मिले जोड़े युवा
आपस में प्यार करते रहेंगे इसी तरह

गरजते समंदरों की हुँकार सुनते
सन्नद्ध खड़े रहेंगे पहाड़ बर्फ़ से ढँके
हम नहीं होंगे कल जब तब भी अस्तित्वमान!

लेकिन, हमारे होने से ही तो यह
पृथिवी पृथ्वी है, हरियाली हरियाली
और सागर और पर्वत और सब-सब
हमारे होने के अर्थ में ही अर्थवान!

इसीलिए ये सब रहेंगे सभी-सभी
इनके रहे आने में हम सब भी
और हमारे साथ यह प्रकृति पंचमहाभूत!

हम ही हैं प्रकृति
और प्रकृति के फल भी
गति भी यति भी रति भी मति भी
प्रकृति की गतिशीलता और अनेकरूपता में
घुले-मिले रसवंती धारा के प्राण हैं हम।

हम से ही हैं सब रंग
मानुष गंध और रूप-अरूप सब
विचार और भाव और संवेदन
तमाम इन्द्रियों की हरकत
हम से ही इस धरती का स्वाद।

हम ही हैं द्वीप हमीं नदी
सागर का सारा विस्तार हैं हम
हमीं महाद्वीपों से टूटकर बहते कगार।

हमीं इस विराट आकाश-गंगा में
तारे, नक्षत्र और सितारे बन तैर रहे हैं!

॥ टाइगर हिल पर सूर्योदय ॥

घुप्प अँधेरा था सूर्योदय से पहले
दार्जिलिंग की टाइगर हिल पर
हड्डियाँ कँपाती नुकीली ठंड
घने कोहरे में लिपटी डोलती आकृतियाँ।

तेज़ हवाओं पर फिसलता
आया फिर हल्का उजाला
हिलाता नीचे जंगल का हरा-हरा कंबल।

बादलों में घुली-मिली छिपी
कहीं भी तो दीख नहीं पड़ीं
आँख-मिचौली खेलती बर्फ़ीली चोटियाँ।

सूरज के लाल गोले के
ऊपर उठकर धीरे-धीरे
पिघले स्वर्ण-पिण्ड में
बदलने के साथ उभर आईं
चौंधियाती धूप में नहाई
कंचनजंघा की चमकीली चोटियाँ!

अपने-अपने गर्म लबादे उतार
'व्यू प्वाइंट' से देखते रहे हम
मुग्ध अपलक खोए-खोए-से
चारों ओर के आकर्षक नज़्ज़ारे

दिन निकलने के साथ-साथ
कुछ और पास हमारे–
खिसक आईं कंचनजंघा की चोटियाँ

शुभ्र बर्फीली नोकों से बिंध कर
इन्द्रधनुष बिखराने लगे रंगों की सुगंधित आभा!

॥ गंगटोक में बोधिसत्व ॥

कितनी सुन्दर और शान्त लगती है
बेहद साफ़-सुथरी भी
हरी-भरी फूलों से लदी
सिक्किम की यह राजनगरी गंगटोक।

भूटिया, तिब्बती, नेपाली और लेपचा
सबकी मिली-जुली आबादी का शहर

ओर-छोर जिसके पैदल ही नापते
थकावट नाम को भी होती नहीं कभी!

खड़ी चढ़ाई वाले पहाड़ों पर चित्रित
रामकुमार की पेंटिंग्स जैसे मकान
एक-पर-एक चिने हों जैसे सँभालकर
काँच के जगमगाते मर्तबान छोटे-बड़े!
रात पड़ते ही बदल जाती है
अज्ञात स्वप्न-लोक में फिर
जुगनुओं की फ़ौज-भरी घाटी
बोधिसत्व की तरह लगते हैं
अँधेरे में मुस्कुराते हुए बादल!

सुबह-सवेरे कंचनजंघा की
खिलती चोटियों के साथ
हम रज़ाई से बाहर झाँकते हैं
चटक धूप से बढ़कर हाथ मिलाते।

नीचे घाटी की तलहटी में
बुद-बुद बुदबुदाते हुए–
धम्मचक्र घुमाते लामाओं का
गुज़रता रहता है एक उदास लंबा जुलूस!

॥ छाँगू लेक पर बरफ़बारी ॥

भोले-भाले मस्त मौला
याक की सवारी के बाद
कितना मज़ा आ रहा था सभी को
जमी हुई झील की सतह पर दौड़ते

साँस फूल जाती थी जल्दी ही
ऑक्सीज़न की कमी से सभी की
विरल वायु की ज़बर्दस्ती से जूझते
ज़ोर-ज़ोर से गा रहे थे सब हाँफते।

तप्त लाल धातु की छड़ से छेद कर
ख़ून-जमी सुन्न पड़ी उँगलियों से
छेड़ते रहे हम नीचे निश्चल जल को
नींद में गहरे डूबी झील को बेवज़ह जगाते!

मन अभी भरा नहीं था हमारा
बर्फ़ीली ढलानों से फिसलते
कि एकाएक छा गया अँधेरा
जैसे डाल दी हो सुरमई चादर किसी ने

खिली दोपहरी डूब गई
ज़ोरों की बारिश-झंझावात में
फिर होने लगी बरफ़बारी लगातार...

रंग-बिरंगे तिब्बती परिधान में
सरापा भीगते हुए हम सब
कनटोपों से झाड़ते बर्फ़ के पहाड़
काँपते-ठिठुरते भागे सभी दमछोड़

किसी और ही दुनिया में कूद
जा पहुँचे नीले पहाड़ों के पार
हम दहकती अँगीठी को घेर-घार
सुनते अबूझ तिब्बती गीत विचित्र वाद्यों के साथ

तेज़ तिब्बती शराब के घूँटों के बाद
नीली पड़ी सुन्न नाक सुड़सुड़ा कर
याक के दूध की मसालेदार चाय पीते हुए!

॥ लामा क्यों उदास हो ॥

लामा क्यों उदास हो?
क्या खो गया है? क्या चाहिए तुम्हें?
किसे खोज रहे हो लामा हैरान हो?
तुम्हारा घर पिछली शताब्दी में कहाँ छूट गया है?

धम्मचक्र घुमाते अनवरत
क्यों बुदबुदाते खड़े हो उच्चारते
किसी रहस्यमय अजनबी देश की
अपरिचित भाषा में कोई अनजाना मंत्र!

लामा तुम्हारी गहन उदासी में
छिप गई है घुल कर–
तुम्हारे बुद्ध की स्मित पावन मुस्कान

पीठ पर ख़ाली नाव लादे आख़िर
जाना कहाँ चाहते हो लामा तुम?
जीवन-सरिता तो पार हो चुकी है कब की!

लामा...लामा...लामा...लामा...

॥ तिस्ता शरारती ॥

कितनी शरारती है ये तिस्ता नदी भी
कभी दाएँ कभी बाएँ बल खाती
पतली-सी पहाड़ी धारा लगता है
साथ नहीं छोड़ेगी धुर दिल्ली तक हमारा!

बढ़ती जाती है पल-पल वेगवती
देवदारुओं की फ़ौजी क़तारों के बीच
गहरे दर्रों और इस्पाती पुलों के नीचे से
कूदती-फाँदती झाँक-झाँक नाचती कभी।

मैदानों की गंध सूँघती नाक बढ़ा
तिस्ता का पाट चौड़ा होता जाता है
पहाड़ों के तिलिस्मी पर्दों के पीछे–
किसी बेवफ़ा की तरह ग़ायब होने से पहले!

॥ केरल-प्रकृति ॥

हरा रंग हरा है
गहरा हरा चमकीला
वनस्पतियों से घिरे हुए
केरल में–

नीला नील सागर
ख़ंजर-सा चट्टानों में
कटी-फटी तटरेखा से
भीतर तक धँसा हुआ।

नील पद्‌म
नीलाकाश
नीलावरण
नील चरण
महावर से रँगे हुए

हरीतिमा से आच्छादित
झमाझम बारिश में–

यति गति
अंग-अंग
अनंग-संग
सती रति
नर्तिन नव नृत्य में
ज्यों कथकलि–

केरल की ज्योतित
खिली-खिली प्रकृति!

॥ केरल कामिनी ॥

लता-मंडप
कुंज-पुंज
घर-घर में
बाल ताल–

नारियल और ताड़ वृक्ष
कदली वनों से सघन
चौतरफ़ा घिरे हुए–

जहाँ दृष्टि
वहीं वृष्टि
कृष्टि-कृष्टि
कृषक कृष्टि
खेतों में धान के
क़ालीन हरित बिछे हुए।

गगनचुंबी लहरों से
आलोड़ित अरब सागर
वेग से उच्छलता–
फिर मुष्टिका-प्रहार से तटरेखा तोड़ता

डोलते जहाज़ यहाँ
नाव-नाव डोलती
छिप जाती लहरों में
कभी फिर दृष्टि-पट खोलती

मछुआरे दल के दल
पीछे को झुक कर
कमान बने–
ज़ोर से हुंकारते
खिंचता विशाल जाल
मछलियों के ढेर डाल।

साँचे में ढली सुतल
दर्शनीय देह श्यामल
बिजली से रची-बसी
श्रम-स्वेद-संचित जो
नृत्य-वृत्त घूमती–

तिरुवनंतपुरम् में कमनीय
केरल कामिनी
राग-रंजित
रंग-मंडित
मुखमंडल पर
स्मित हास लिये हुए...

मृगनयनी कोरों से
बाण कहीं खिंचे, कहीं बिंधे हुए!

॥ नीलगिरि की पुतलियाँ ॥

ऊटी और कुन्नूर की घाटियों में
नीलगिरि की नीलावरण नीलिमा पर
बिछा हुआ है बेलबूटेदार–
हरियाली का नर्म क़ालीन हरा-हरा-सा।

सुबह-सुबह पहाड़ियों से उठते बादल
घाटियों को भर देते हैं रूई-जैसी भाप से
पल-भर में भीतर-बाहर रँग जाते हैं आग से

बहने लगा पक्षियों का कलरव
जैसे सागर का फेनिल तट–
भर उठे अचानक रंगारंग झाग से

धीमी फ़ुहारों के बीच
चौतरफ़ा खिल उठते हैं–
कई-कई इन्द्रधनुष इन्द्रधनुष इन्द्रधनुष...

नीलगिरि की नीली-नीली
पुतलियाँ हैं ये ऊटी और कुन्नूर मनोहर!

॥ घाटी में आकाश-गंगा ॥

शाम होते ही
कोडईकनाल की
हरियाली-लदी पहाडियाँ
बदल गईं गुपचुप–
नीलगिरि की नील-नाभित नीलिमा में।

प्रकृति के इस मनोरम
पट-परिवर्तन के साथ ही
घिरते अँधियारे में
घाटियों में छितर गए
दूर-दूर तक जगमग-जगमग तारागण!

बस्तियों के बीच से गुज़रती
नीचे मदुरै की लम्बी सड़क बन गई
धरती पर उतरी घाटी में आकाश-गंगा!

॥ नीलावरण हरीतिमा में ॥

चमकते हीरों की
कणियों से भरी
बंद मुट्ठियों की तरह
दिखती है ऊटी–
नीलगिरि पर गुम्फित घनी

कुन्नूर जैसे पसरी हुई बाँह
या कि लेटा कोई अजगर
उस पर कसीदाकारी–
जुलूस लम्बा झिलमिलाते तारकों का।

अत्यन्त ऊँचे इस शिखर से
ऊटकमंडलम् दाहिने–
बाएँ दिख रहा कुन्नूर फैला...

चारों ओर छितरी
नीलावरण हरीतिमा को
ढँके जा रहे हैं त्वरित
घने बादलों के दल के दल

दौड़े आ रहे हैं
छा रहे हैं छा रहे हैं
सैकड़ों ऐरावत सदल-बल

युक्लिप्टस के सघन जंगल
अपनी भीनी-भीनी–
बोझिल महक के साथ इनमें खो गए हैं!

॥ कोवलन-बीच पर ॥

फुँकारते हुए बैल की तरह
दौड़ता चढ़ा आ रहा था समुद्र
अपनी पूँछ उठाए–
चारों पैरों से धरती की छाती को खूँदता

नम काली चट्टानों के पार
कोवलन-बीच का लाइट हाउस
गर्म हवा के पर्दे के पीछे से–
काँपता अब गिरा कि तब थरथराता-सा

मैंने सूरज की आग को
सलोनी लड़की के बदन से चुरा कर
नमक का ढेला दिखाया–
पिघल कर फैल गया अग्नि-पिंड सिंदूरी

चिलकते अरब सागर में दूर
जाल समेटते मछुआरों के थके हाथ
हल्के अँधेरों से निकल कर बाहर
समंदर की सतह को गेरुई चादर ओढ़ाते हैं!

॥ विवेकानंद शिला पर ॥

विवेकानंद शिला से
देख रहे हम एकटक
तीन-तीन सागरों का
असीम विस्तार–
उछाल अनंत जलराशि की!
                    बंद कर लेना चाहते हैं
                    सीपियों में आँखों की
                    हिन्दमहासागर के–
                    सौन्दर्य का एक थिरकता मोती!
बाईं ओर बंगाल की खाड़ी
उद्वेलित लहरों के वेग से
रह-रह कर टकराती आकर जो
चट्टानों से जूझती–
                    दूर दाहिने से
                    चला आ रहा
                    तूफ़ानी रेला
                    अरब सागर का दौड़ता...
विशालकाय बाँहों में अपनी
दोनों को समेटता-समोता हिन्दमहासागर।

एक-दूसरे में घुलते-मिलते
झिलमिल-झिलमिल अलग-अलग रंग
फिर एक ही विराट् हरित नीलिमा में खो जाते-से!

॥ कन्याकुमारी का जादू ॥

न सूर्योदय देख सके
न सूर्यास्त हम–
दो दिन कन्याकुमारी में

धुआँधार बरसते पानी के नीचे
सागर-लहरों की ऊँची उच्छाल

एक के बाद एक जैसे
फिसलती चली आ रही हो
आसमान छूती पानी की ठोस
धुँधली-पारदर्शी दर्शनीय दीवार।

तीन-तीन सागरों के महासंगम पर
एक लहर इधर एक उधर से प्रवेग
इन सबके ऊपर एक और–एक और...

सामने से हिन्दमहासागर का ज़ोर
जैसे बाँहों में बाँहें फँसाए–
तीन महाबलियों के जूझने का शोर।

तीन महासागरों के संगम पर
मंडपम् से उतर नीचे रेत पर
मंत्रमुग्ध-से खोए रहे घंटों हम

त्रिकाल-बोध के कमान से छूटे
तीखे तीर-से अनंत में–

बाँध लेता है ऐसे ही
जाल में हमें कस कर
कन्याकुमारी का–
अनोखा ऐन्द्रजालिक जादू

पिघलने लगता है
आकाश
सवेग स्वर्ण-सरिता-सा–
कविता की कंचन-धारा बन कर!

॥ सागर संन्यासी ॥

पिघले सोने की चमकती
लहरों में बदल गया–
गैरिक - वसन संन्यासी
पांडिचेरी-तट का सिंदूरी सागर

सूरज के ऊपर उठते ही
जाग उठीं जगर-मगर–
हल्के अँधियारे के लबादे से
बाहर निकलीं ठिठुरती हुई इमारतें।

सागर के सरगम के साथ
सुबह-सुबह गूँजने लगी–
चहचहाते पक्षियों की जुगलबंदी

भैरवी के स्वर्णिम राग से–
मढ़ गया निस्सीम नीलाकाश का विस्तार!

॥ सागर मुद्राएँ ॥

अनेक रंग
अनेक रूप
मुद्राएँ भी अनेक
देखीं समुद्र की
कई दिन पांडिचेरी-तट पर
सुबह से शाम कभी देर रात-रात तक

सुनहरा
मटमैला
कभी धवला-सा
झाग-भरा फेन-भरा
नीला कभी हरा-हरा
कभी आँखों में सातों रंग घोलता

बाँहों में लेने को दौड़ता
कभी फिर पीछे ही पीछे ही लौटता
चट्टानों पर कभी सिर ग़ुस्से से फोड़ता

कभी बस डोलता
नींद ही में बोलता
शान्त कभी लेटा-लेटा
थक बिस्तर पर लुढ़कता

कभी आकाश चूमने को बदली-संग खेलता।

॥ रामेश्वरम् के तट पर ॥

रामेश्वरम् के तट पर
कितना शान्त दिखता है समुद्र

अपने गहरे हरे
रंगों में धीरे-धीरे
आती-जाती लहरों के साथ डोलता।

इसीलिए बेख़ौफ़ हम
चले जाते हैं दूर तक
पानी की पारदर्शी

तहों को चीर कर
नमकीन छपाकों में भीतर तक धँसते

टाँगों को हल्के-से छूकर
फुर्र से निकल जाती हैं
करंट-सा मारतीं–
फिसलती रंग-बिरंगी मछलियाँ।

आगे बढ़ जाते हैं हम डोलते
पैरों के नीचे महसूस करते
खिसकती रेत की–
तलवों पर गुदगुदी का कोमल जादू!

रामेश्वरम् के तट पर
दहला जाते हैं हमें
महीनों बाद भी–
सुनामी के भीषण कहर के चिह्न...

सहमे हुए देखते हैं हम
रामेश्वरम् के तट पर–

टूटी नावें
बिखरे हुए तख़्ते
धज्जियाँ जाल और पाल की
ग़ायब चेहरों के साथ मिटी बस्तियों का मलबा।

॥ सुनामी के बाद ॥

महीनों बाद भी
सुनामी के कहर के निशान
नज़र आते हैं हर कहीं–
खुले ज़ख़्मों की तरह रिसते

नागपट्टिनम् से रामेश्वरम्
और महाबलिपुरम्–

चारों तरफ़ टूटी नौकाओं के तख़्ते
तार-तार हुए जाल में उलझे धागे
तिनका-तिनका बिखरे घरों और
मछुआरों की ध्वस्त बस्तियों से
भरी पड़ी है यहाँ से वहाँ तक सूनी तटरेखा।

कई गाँवों और बस्तियों का तो कहीं
कोई निशान तक नहीं बचा है–

रोज़मर्रा के रिज़क-रोज़गार से वंचित
खुले मैदान में जमा होकर लोग
ताकते रहते हैं अभी भी समुद्र का विस्तार
सूनी आँखों से टूटते रहते हैं नमक के पहाड़

क्या कभी लौटेंगे
ग़ायब हुए लोग
समुद्र की सतह में से
उभरेंगे क्या कभी–
धूल-मिट्‌टी की तरह लहरें झाड़ते!

भूलते जा रहे हैं अब
धीरे-धीरे लोगों के आत्मीय चेहरे
चेहरों के पीछे गुम हुए सपने–
सपनों को अब कभी नींद नहीं आएगी!

कभी नहीं मिटेगी
बच्चों की आँखों में उतरी दहशत
रुक नहीं पाएगा अब कभी–
जवान औरतों का निश्शब्द रुदन
ख़ून के आँसू रोती बूढ़ी आँखों से
और भी ख़ारा होता जाएगा समुद्र...

ऐसा क्यों होता है हर बार आख़िर??

कारों के रंगीन क़ाफ़िले
फुदकते गिद्धों-जैसे
मुर्दख़ोर लोगों की भीड़
संवेदना-शून्य चेहरों की ऊब
गुफा-जैसे अघाए मुख से भाषण

टीवी कैमरों और फ़्लैश की रोशनियाँ
हर हौलनाक हादसे के बाद–
छोड़ जाती हैं मौत का अँधेरा सन्नाटा!!

॥ बारिश में श्रीनगर ॥

नमक के डलों-सी
बादलों में घुल गईं
पहाड़ों की चोटियाँ
कबूतर की आँख सरीखे
बर्फ़-ढके शिखर सभी मुँद गए
छिप गईं ओट में सारी पंगडंडियाँ।

शान्त जल में डल के
उठने लगीं हिलोरें–
तीर की तरह गुज़रने लगे

तेज़ी से शिकारे एक इधर एक उधर से
डोलने लगे हाउस-बोट लहरों के वेग में झूलते।

तेज़ बारिश और हवाओं ने
रुख़ बदल दिए पल-भर में
मौसम के तपिश-भरे आतशी मिज़ाज के।

श्रीनगर की सड़कों पर
दोस्तों के साथ भटकते
बारिश में भीगने का मज़ा ही कुछ और है!

कितना सुकून मिल रहा था फिर
लिंज़* के नीम-अँधेरे
और हलके उजालों में
भीगे कपड़ों में ठिठुरते
ज़ाफ़रान वाला महकता क़हवा पीते हुए

और शब्दों के अर्थ
समझे बिना भी–
काश्मीरी गीतों की मीठी धुन पर सिर धुनते हुए।

---

* **लिंज़ (Linz) :** श्रीनगर में मौलाना आज़ाद रोड पर, शेर-ए-कश्मीर पार्क के पास, एक शानदार रेस्त्राँ 'क़ैफ़े द लिंज़' जहाँ हम कहवा पीने और खाना खाने जाते थे। मैनेजर और बेयरों से हमारी ख़ासी पहचान भी हो गई थी।

॥ नग़ीन के हाउस-बोट में ॥

डल के भारी भीड़-भड़क्के
और बुलेवार के शोर-गुल से दूर
अली अक़बर हाउस-बोट में–
बिलकुल घर-जैसे घेरे है आत्मीय अपनापन!

सामने पहाड़ों के घेरे से घिरी
चाँदी की जड़ाऊ अँगूठी में जड़े
नीले नीलम के नग़ीने-सी नग़ीन
डल से गलबहियाँ डाले सगी उसकी छोटी बहन!

नग़ीन लेक की शांत नीली सतह पर
न बाज़ार और सौदाग़रों की गहमागहमी
न तीर जैसे झपटते शिकारे कहीं–
बस, डुबकी मारती मछलियों का खुला क्रीड़ांगन!

पके केसर की मंद-मंद महक की तरह
हल्की हवाओं के परों से लिपट
जैसे चौतरफ़ा उड़ रहा हो–
संतूर की किसी मध्यम रागिनी का खिला हुआ फ़न!

हरियाली से घुले-मिले घुले-मिले
अपने नक़्क़ाशीदार हाउस-बोटों के साथ
एकांतवासिनी नगीन के पड़ोसी हैं सब
शंकराचार्य, हज़रत-बल और हरिपर्बत के वन-वन!

सौन्दर्य-चित्रित इसके रंगीन झिलमिल
सुनहरे पर्दों के पीछे छिपी है ग़रीबी
तक़लीफ़ें बेशुमार और दर्द बेपनाह–
रोज़मर्रा की कड़ी ज़िन्दगी के कठिन!

डूबते सूरज की लाली से टपकता लहू
बादलों की सुरमई चादरें भिगोता–
सदियों के रिश्तों-मुहब्बतों को तोड़ता
घिरा आ रहा तूफ़ाँ नफ़रतों का पल-छिन पल-छिन!

साम्राजी साज़िशों की डोर से बँधा
पड़ोसी सियासत का गंदा मोहरा बना
कितना बदल चुका है काश्मीर मेरा–
ख़ून के आँसुओं में डूबा हर जन-मन!

॥ मुग़ल बाग़ान में ॥

चश्मे-शाही का बर्फ़ीला पानी है
या आबे-हयात–

इसे पीते-पीते भी
हैरानी कि छुटी नहीं शराब
जहाँगीर की–

नूरजहाँ की पाज़ेब
बह गई होगी–
यहीं कहीं यहीं कहीं
चश्मे की रफ़्तार की उँगली पकड़!

इन चश्मों इन बाग़ों
इन नाचते फ़व्वारों
दूर डल की चमकती
कौंध में डूबते-उतराते
मैं कभी पीछे कूद जाता हूँ
धीरे से इतिहास की खिड़की खोल...

तो कभी भविष्य के
अधमुँदे दरवाजों की
संधों में सरक जाता हूँ चुपचाप
धूप की नरम-नरम सुनहरी लकीर बन!

फिर भी वर्तमान का
कोई एक खौफ़नाक़ डर
छा जाता है दहशत का साया बन

गीध के भारी-भरकम
पंख फैलाता है बदबूदार
स्पंज की तरह दिल को निचोड़
काल अपने ख़ूनी पंजे दिखलाता है!

॥ डल पर शिकारे में ॥

शाम के घिरते अँधियारे में
एक झटके से फेंक काले लबादे
जादुई लिबास से खिल गई डल!

हाउस-बोटों की डोलती क़तार
और बुलेवार की रंगीन रोशनियाँ
बदल गईं झिलमिलाते प्रतिबिम्बों की झालर में।

चप्पू चलाते शिकारे वाले से
मैंने झिझकते हुए कहा :
रुको, बिरादर, रुको तो ज़रा...

दरअसल, मैं सहम गया था डर कर
कि तोड़ न डाले कहीं ये सतरंगी झालर
बाज़ की तरह झपटता हमारा तेज़ शिकारा!

॥ सिन्धु के साथ-साथ ॥

सोनमर्ग़ तक पूरे रास्ते
कभी दाएँ कभी बाएँ–
अठखेलियाँ करती दौड़ती रहीं
हमारी सहयात्री सिन्धु की धाराएँ

पहाड़ों से कूदती
कभी चट्टानें फाँदती
गहरी घाटियों में बहती रही
सँकरे पाट वाली क्षिप्र प्रवेगी सिन्धु

हज़ारों साल से हमारी
प्राचीन सभ्यताओं के उत्कर्ष
कभी प्रायः पतन भी–
इन सबकी सिन्धु साक्षी प्रत्यक्ष!

सिन्धु को देखते ही
रोमांचित हो–
थरथरा उठा मेरा मन

बस रुकते ही आह्लादित
दौड़ पड़ा मैं बाँहें फैलाए
सहस्राब्दियों की बाड़ें फलाँगता
द्रुत-वेग घोड़े की तरह अयाल झटकारता।

सुनाई देने लगे मुझे
अज्ञात सिन्धु लिपि के गीत

नाविकों की हुँकार–
ऋग्वैदिक ऋचाओं के संगीतमय मंत्र!

मुझे सुनाई देने लगा
विशाल चौड़े पाट पर तिरते बेड़ों में
सिकंदर के सैनिकों का बेतरह शोर
ग्रीक भाषा में उछलते आदेश–

आते-जाते घोड़ों की टापों के बीच
मुझे नज़र आने लगीं युद्धरत सेनाएँ
क़ाफ़िले मेरे सामने ही पार करने लगे
सिन्धु का विशाल चौड़ा पाट–

लाल दिखने लगा सिन्धु-जल मुझे
विभाजन की त्रासदी के ख़ून में रँग कर!

सिन्धु के ठंडे छींटे अचानक
मुझे वापस ले आए फिर–
मेरे आज के इस अपने समय में।

मौज़ूदा दृश्य के
सौन्दर्य से अभिभूत
उतर पड़े हम सब सैलानी
सिन्धु की ठंडी धाराओं के बीच।

सिन्धु मेरे लिए
मात्र एक नदी नहीं
एक जीवित इतिहास है

मेरी जाति की रगों में दौड़ते
ख़ून की रफ़्तार के साथ धड़कती!

॥ जम्मू के विस्थापित-शिविर में ॥

यादों के फटे चोग़े भी
झड़ जाते हैं गल कर–
विस्थापितों के जिस्म से
ज़ख़्मों के मुँह खुले रह जाते हैं।

श्यामलाल परदेसी, कवि, मेरा दोस्त
अब नहीं रहा इस दुनिया में–
रो रहे हैं ग़ुलाम बट पुष्करनाथ से लिपट
दोनों की बीवियाँ भी साथ बैठ...

बशीर अहमद सहराई, प्रेमी, शायर, शैदाई
जो चला आया था अनंतनाग से–
अपनी कृष्णा कौल के पीछे-पीछे घिसटता
अपना नाम और पता भूलकर पागल हो गया है।

काला पड़ गया है झुलसकर कौल साहब का चेहरा
जम्मू और दिल्ली की तेज धूप और गर्मी में दौड़ते
कहीं कोई राह वापस जाती नहीं दिखती है–

छूट गई वादी, डल रूठ गई, चिनार जल रहे हैं
सूखती जा रही है झेलम अपने किनारों से सिंकुड़ती!

॥ ग्लेशियर पर ॥

थाजिवास ग्लेशियर की
हज़ारों साल पुरानी
बर्फ़ की मोटी तहें छूते हुए
मैं अजीब-सी अनुभूति से भर जाता हूँ!

हज़ारों-हज़ार साल पीछे
हमारे कौन-से पुरखे चले होंगे यहाँ
मैं खोजता हूँ उनके क़दमों के–
हज़ारों साल पुराने धुँधले निशान...

अटपटी भाषा में
अपरिचित धुन वाले
उन प्राचीन गीतों की धीमी गूँज
ऐस्कीमो-जैसे लबादों में लिपट जिन्हें
यहाँ कभी उन्होंने साथ-साथ गाया होगा!

मैं खोजता हूँ यहाँ
बर्फ़ की आँच पर पकते
जोशीले प्यार की मादक गंध
जो बहुत पहले ही पुरावशेषों में ढल चुकी होगी!

मैं खोजता हूँ
शिकार के निशान
मछलियों के पंजर
इन्सानी अस्थियाँ
और फ़ासिल्स बन चुके ऊदबिलाव का चेहरा
सुनता हूँ अपने पीछे दौड़ते भारी क़दमों की धमक!

ग्लेशियर की चट्टानी
मोटी बर्फ़-शिलाओं पर
मैं खुद अपने-आपको
अपने भीतर से गुपचुप चुरा कर
किन्हीं पुरावशेषी फ़ासिल्स की तरह छिपा आता हूँ
प्रागैतिहास की हज़ारों परतों की सींवन खोलते हुए

इस उम्मीद के साथ
कि कभी उगेंगे अंकुर
हज़ारों-लाखों सालों के बाद भी

देखूँगा उन्हें
मैं उन्हें देखूँगा उमग कर
धरती के पेट से कुछ इस तरह...

कि जैसे टिमटिमाती है दूर से रौशनी
करोड़ों साल पहले मिट चुके किसी जाज्वल्यमान तारे की!!

॥ मौत की दहशत ॥

कई रंग होते हैं मौत के
तो कभी बेरंग-बेस्वाद भी!

गुलमर्ग़ से गंडोला तक
मन मस्त रहा
टट्टू-सवारी में
आँखों को ठंडक
और दिल को सुकून
पहुँचाते रहे घास के
विशाल हरे मैदान गोल्फ़ के।

लेकिन बदल गया दृश्य
खिल्लनमर्ग़ में अचानक
बर्फ़ीली ऊँची-चोटी पर
धुंध और बरफ़ की चादर में लिपटी
झूठ की तरह सफ़ेद सर्द मौत–
मैंने देखी ठोस सत्य के रूप में प्रत्यक्ष!

अपने एकदम क़रीब
मैंने मौत देखी–
आँखों में आँखें डाल घूरती
ख़ून को जमा देने वाली ठंडी
और एक धौल जमा कर भाग जाने वाली।

साँस फूलने लगती है
ऑक्सीज़न की कमी से
पैर नहीं उठते हैं–
बर्फ़ पर मन-मन भारी होकर!

शायद इसी तरह
घिर जाते हैं–
अपने दल से कटे
अकेले पर्वतारोही कोई...

इसी तरह भटक जाते हैं लोग
अंधड़ और बरफ़ीले तूफ़ान में फँस कर!

मैं अचानक
फँस गया था
मौत की इस अंधी
दहशत के बीच–
जहाँ हाथ को हाथ नहीं सूझ रहा था
और तलवे सुन्न हो रहे थे नीले पड़कर

दूर कहीं झरनों में
पानी के गिरने की आवाज़ आ रही थी
एक मात्र मधुर जीवन-संगीत बन कर!

चौतरफ़ा धुंध और बर्फ़ के सघन
अपारदर्शी असीम विस्तार से घिरे
मुझे स्लेज़ वाले आशिक़ हुसैन की आवाज़
मीलों दूर से   मानो अंधकूप से आती लगी...

क़रीब आकर जब
उसने मुझे छुआ–
और स्लेज़ गाड़ी में बैठने को कहा
तो जैसे हाथ बढ़ा कर खींच लिया
मौत की ओर तेज़ी से फिसलती ज़िन्दगी को!

हम फिसल चले फिर नीचे
अपने पीछे छोड़ते दूर–
एक दहशत-भरा हौलनाक माहौल
और कोंगडोरी का डरावना नंगा पहाड़

फिसल चले नीचे
हम तेज़ी से स्लेज पर
जहाँ बर्फ़ के पहले-पहले
पतले टुकड़ों के इर्द-गिर्द
मैदानों से आए बड़े-बूढ़ों-बच्चों
और औरतों सैलानियों के बेशुमार
दल के दल सब ख़ुशी और हैरानी से चीख़ रहे थे
एक-दूसरे पर फेंकते कच्ची बर्फ़ के गोले–

गाइड और स्लेज़ वाले मना कर रहे थे आज सबको
बर्फ़ीले तूफ़ान से घिरे कोंगडोरी और 'सेवन स्प्रिंग्स' जाने को।

॥ कश्मीर के सात रंग ॥

सातों दिन
सात रंग
सात बार
देखे कश्मीर के!

याद आए मुझे
अल्लामा इक़बाल
ग़ालिब बार-बार
अशरार तक़ी मीर के।

शिकारे की सैर
हाउस-बोट डल में
परिवर्तित पल-पल में
मौसम कश्मीर के!

मुँद जाती घाटी
कबूतर की आँख-सी
खिल उठती कभी धूप से
फूट कर बिखरते अनार-सी!

सब कहीं घूमे
बर्फ़ीले शिखरों को चूमे
हम सभी पर छायी रही
सातों पहर सातों दिन मस्ती बहार की!

पाम्पोर की
केसर-क्यारियों में
फूल अभी नहीं थे
अख़रोट और ख़ुबानियाँ
बादाम अभी कच्चे थे;

लगा कि लगेंगे दोबारा
फिर चक्कर, जन्नत-ए-कश्मीर के।

आज पर बदल गई
फ़िर से फिज़ाएँ सब
चोटी का सूर्य हुआ काला
हटने लगा पीछे सहम कर उजाला

फिर घाटी
लाल हुई

लहू से ख़ून से
दिखने लगीं दसों दिशाएँ फिर बीमार-सी

कितने दिन
कैसे-कैसे–
कितने रंग बदले
कश्मीर की सियायत के, मुल्क की तक़दीर के!

पड़ोसी की दुश्मनी और
तास्सुब और फ़िरकों की
नफ़रत की गंदगी–
फैल रही सब कहीं सब कहीं
टूटने लगे हैं भरोसे इन्सानी जमीर के!

पता नहीं
और कितने
दिखेंगे बदरंग
आने वाले दिन
मेरी वादि-ए-कश्मीर के!!

हटे नहीं
अभी भी
बादल दुर्भाग्य के
जन्नत-ए-कश्मीर से
ख़ून में डूबी इस स्याह तक़दीर के
काम नहीं आ रहे कोई भी नुस्ख़े न जादू तदबीर के!!

॥ भर गया जल से यमुना का पाट ॥

भर गया जल से यमुना का पाट
कई बरस बाद कई बरस बाद
डूबी सीढ़ियाँ डूब गए घाट
कई बरस बाद कई बरस बाद
भर गया जल से यमुना का पाट!

थके दशकों से देख-देख
बालू में स्फीत नदी-रेख
यमुना की धारा नहीं नाला था
ठहरा हुआ सड़ा पानी काला था!

देख-देख आमदरफ़्त
आते-जाते दोनों वक़्त
रोज़ क्षुब्ध होता था मेरा मन
सूखी दिल्ली प्यासे जन-जन।

कल जहाँ रेती थी
दूर तलक खेती थी
बहता जहाँ था गंदगी-हलाहल
आज वहाँ मटियाले जल की कलकल।

ख़तरे बाढ़ के पल-पल
निशान से ऊपर जल
पुश्ते की बस्तियों को छोड़-छाड़
दोनों किनारों पर लोगों की भाग-दौड़!

रात-भर जागे रहे
लोग-बाग भागे रहे
उजड़े मेले और उजड़ गए हाट
डूबी सीढ़ियाँ डूब गए घाट!

न कोई राहत
न मदद को हाथ
अपने में मस्त नेता
न किसी के साथ
कुंभकरणी अफ़सर
रँगरेलियों के लश्कर

कई बरस बाद
भर गया जल से यमुना का पाट!
डूबीं सब सीढ़ियाँ डूब गए घाट!!

॥ आलसियों का गीत ॥

मुक्के मार-मार कर
सिर फोड़ देती है
बर्फ़ की सिल्लियों-सी
हवा की ठोस पारदर्शी दीवार।

काँपते-काँखते पेड़
हर साँस के साथ
भाप छोड़ते हैं–

सिहरती पत्तियों की
नीली नसों में
सिकुड़ कर
जम जाता है सफ़ेद रक्त!

सीली-सीली
चादर के नीचे
अलसाई-सी
सोई है अभी तक धरती

पाला मारी
वनस्पतियाँ भी
हरे-हरे दुशालों में
दुबकी बैठी हैं सटकर सिमटी!

सौ-सौ बिच्छुओं के
डंक मारता है फ़र्श
पैर नीचे रखते ही
देह मार लट्टुओं-सी
थर्राती गोल-गोल घूमती है।

देखो, कुछ तो पसीजो!
ज़रा-सा तो रहम करो–

नहीं मानती तो
ठीक है फिर
जब ज़हर को ज़हर मारता है
लोहे को काटता है लोहा–
और ग़ुस्से को भभकता ग़ुस्सा
तो सुन लो अब तुम भी...

बस, कह दिया न–
मुझे आज दफ़्तर नहीं जाना है!
नहीं जाना नहीं जाना नहीं जाना है!!

सिर्फ़ मैं ही
नहीं हूँ आलसी
चिलम पीता सूरज भी
ठ्...ठ्...ठिठुरकर...
ऊपर सर तक नहीं उठा पा रहा है!!

॥ दिल्ली की सर्द सुबह ॥

(संत मलूकदास को समर्पित)

धरती के सात हाथ नीचे पता नहीं कहाँ
गेंडुली मार कर दुबके पड़े होंगे अजगर
आज तो पंछी भी नहीं झाँक रहे हैं–
अपने घोंसलो से बाहर कहीं भी, रामजी!

ठिठुरते भुवन भास्कर भी लिपटे हैं आज
गरम नीले ओवरकोट, दस्तानों, कनटोप में
घड़ी ठंड से दाँत किटकिटा रही है काँपती
अरे, यह मैं नहीं, रज़ाई-कंबल ही जकड़े हैं मुझे।

ग़ुस्सा छोड़ बिस्तर में दुबक रहो भवानी*
'पूस की रात' के बेचारे हलकू को याद करो!

भागवान, मुझे क्या बुड़बुक समझे हो तुम
कि मैं तैयार होकर अब डीटीसी की बस पकड़ूँ!

---

* यहाँ 'रणचंडी' शब्द बदलकर (सर सलामत रहे!) कुछ माइल्ड-सा 'भवानी' रख दिया गया है। गो, अर्थ तो दोनों का एक ही है!

॥ श्यामली ॥

वर्षों बाद
देखी आज
शहर में मैंने
एक अकेली–
नन्ही-सी बुलबुल श्यामली।

शहद-पगी
मीठी बोली में
झूम-झूम अमराइयों में
वसंतागम के गीत सुनाने वाली

कंकरीट के इस
जंगल से उठती
दग्ध लपट में
जल-भुन कर हो गई आज और भी काली।

प्यासे-सूखे
रुद्ध गले से
चीख़-चीख़ कर निष्फल
खोज रही थी पानी–
हारी-थकी बेचारी प्यारी बुलबुल श्यामली।

॥ भोला माँझी ॥

साहूकार ने पूछा भोला माँझी से
क़र्ज़ तो मैं दे दूँगा नाव के लिए
गिरवी क्या रक्खोगे–

बोला भोला माँझी पूरे आत्मविश्वास से
समुद्र–   रख लो समुद्र
क़र्ज़ की ज़मानत के तौर पर–
गिरवी रख लो मेरे हिस्से का समूचा समुद्र!

भोला माँझी बोला
मेरे पास तो और कुछ भी नहीं है
सिवाय इस समुद्र के–

साहूकार ने डंडा उठाया
उसके लठैत ने दरवाज़ा दिखाया।

इस तरह बेचारा भोला माँझी
गालियाँ और धक्के खाकर–
हैरान-परेशान कुछ समझ न पाया
लस्टम-पस्टम घर लौट कर वापस आया।

॥ धुनिया ॥

अरे!
तुम कहाँ से
घुस आए
इस महानगर में
भाई धुनिए–
अपनी धुनही बजाते
धुन धुनक-धुनक
धुन धुनक-धुनक धुन

अरे,
कहाँ भाग रहे हो
भई धुनकचंद–
चक चकित
चौंधियाए
बजबजाती
नियोन लाइट्स की
इस शहराती चकाचौंध में खोए

झेलते लोगों की
नफ़रत और
उपेक्षा से भरी
सर्द-निगाहें–

ढाल की तरह
अपनी छलनी
चारख़ाना ख़ेसी लपेटे!

रफ़्तार की तेज़ी में
चारों ओर फिसलती
अनंत कारों से–
उजबक़ की तरह बचते
उचक-उचक कर
पंख-टूटे घायल पक्षी की तरह।

कहाँ भाग रहे हो
बेनूर आँखें
झपझपा कर
उलझती–

अपनी फटी तहमत उठाए

दौड़ते सड़कों पर
बदहवास और बेदम
बंडा बैल की तरह
रस्सी तुड़ाए!

आए हो
आख़िर
किस सुस्त संसार से
जाओगे कहाँ तुम
भाई धुनिए–
किस अजनबी दुनिया को
अपने लहूलुहान ज़मीर से खटखटाने!

कोई नहीं
सुनेगा यहाँ
तुम्हारे फटे गले
और ख़रज आवाज़ में
कबीर कोई नहीं सुनेगा

पलटेगा नहीं
कोई भी–
तुम्हारी पुरानी
धुनही की रीं-रीं
और रुदन जैसी हाहाकार सुन कर!

कोई
सिमसिम भी
नहीं खुलेगा!

बाज़ार उठ चुका है
कब का
धुनकराम तुम्हारा...

कहीं कोई जगह
नहीं बची है तुम्हारी
इक्कीसवीं सदी के
इस भड़कीले रंगारंग कैलेंडर में!

न आगे
राह है
न पनाह
पीछे कहीं
क्या करोगे अब?

अब करोगे क्या
भाई धुनिए–
कहाँ जाओगे?

जाओगे जहाँ
कहीं भी अब
वापसी की राह नहीं है।

गाँव-घर
डूब में
आ चुके हैं
उजड़े हुए दिलों की तरह
दंगों में मिट चुकी हैं
सारी की सारी बस्तियाँ...

जाओगे कहाँ अब
धुनक धुक धुनक अली

खेतों पर भुखमरी
और मौत के
सियाह ख़ौफ़नाक़ साए हैं।

कुछ काम
नहीं आएगी
तुम्हारी यह जर्जर धुनही

बदले बाज़ार ने
बदल डाले हैं
धुन कर–
रिश्तों के सारे रेशे-रेशे

उड़ रही है
सब कहीं
भाँय-भाँय
साँय-साँय
धुन धुनक-धुनक धुन धुनक...

॥ उत्तर-आधुनिकता ॥

अब न तो इतिहास है
न कोई विचारधारा
न ही इस अंतहीन अनंत में
भविष्य है–
अब नहीं बची है भाषा से आशा।

पहले जहाँ सब-कुछ था
अब वहाँ–
कुछ नहीं है
जहाँ कुछ नहीं   वहाँ शब्द हैं!

शबद नहीं शब्द
यानी 'टेक्स्ट'
माने पाठ–

शब्द शब्द शब्द
और शब्दों से रचा
पाठ केवल कुपाठ...

जहाँ शब्द हैं
वहाँ अब–
उनका अर्थ नहीं है
अनर्थ ही अनर्थ है
यानी कि सब व्यर्थ है...

है तो है बस
मात्र एक अंधकार गर्त है!

चचा ग़ालिब को
डुबोया था–
फ़क़त इस होने ने;

यहाँ तो–
सारा खेल ही रचा है
निरर्थक न होने के रोने ने!!

॥ शब्द ॥

बाहर फूट पड़ना
चाहती है–
मेरे अंदर एक जो कि चमक है

लहू में फँसे तैरते
डैने मारते–
फड़फड़ाते शब्दों की कौंध

शब्द जो कि होंठों तक आकर
फिसल जाते हैं हाथ से–

शब्द जो कि
छाया हैं जीवन की

ज़िन्दगी की सारी–
जटिलताओं और कुटिलताओं
हँसी-ख़ुशी और दुख-उदासी
नफ़रत और बेशुमार प्यार की।

हमारी असमर्थताओं को–
व्यक्त करने में समर्थ शब्द!

अपने सही-सही अर्थ की
गहराइयों में–
उनकी परछाइयों के साथ

उमड़ते-घुमड़ते उभरते हैं
गतिमान मूर्तिमान क्षिप्र आवेगमय शब्द!!

॥ भाषा ॥

मेरे पास कुछ नहीं है
खोने के लिए
सिवा इन शब्दों के;

यही मेरी पूँजी है
दौलत मेरी–

शब्द ये नहीं
तो मैं भी नहीं
यही मेरा सब-कुछ हैं
कुल ज़िन्दगी मेरी–

ये शब्द शब्द शब्द
और शब्दों से बनी
मेरी भाषा–

सहस्राब्दियों के
जीवनानुभवों का
घनीभूत पुंज–
मेरी चलती भाषा...

सदियों से ढलती
चली आई है जो
मुझ तक–
कल-कल बहती
नदी के निर्मल नीर-सी।

सूरा-मीरा और कबीरा
की अमृत वाणी–

त्रिलोचन के तुलसी बाबा से
पाली-पोसी और पलोसी
पग-पग बदलती बोली-ठोली
और भाषाओं का अगम समुद्र
यह मेरी प्यारी भाषा–

ख़ुसरो-नानक
और बाबा फ़रीद का
लरजता कलाम–
क़ाफ़िए, ओ मेरे बुल्ले शाह के!

मीर-ओ-ग़ालिब की
आँख से टपका लहू
ये मेरी भाषा–

निराला-प्रसाद और
प्यारे हमारे शमशेर के
ज़िगर के बूँद-बूँद ख़ून से सिंची

रामबिलास की
सख़्त मुट्ठी में
तेग़-सी खिंची ये मेरी
ये मेरी भाषा–

जिसे एक ओर से
थामे रहे अज्ञेय
पंजाब की माटी की अपनी
सोंधी गंध लिये–
और दूसरे सिरे से फिर
मराठी की मरोड़ के साथ
मेरे मुक्तिबोध...

नागार्जुन की मैथिली
और केदार की बुंदेली जहाँ
गले मिलकर केन-किनारे
त्रिलोचन की अवधी–
और भूषण-भारतेन्दु-घनानंद की
ब्रजभाषा के साथ रस-घुलतीं
आगरा के नज़ीर के दस्तरख़ान पर
एक ही थाली में जीम रही हैं...

क्या कहेंगे
क्या कहेंगे
इस दृश्य को देखकर
दिल्ली में बैठे केदारनाथ सिंह
अपनी भोजपुरी में–
नामवरजी से आख़िर क्या कहेंगे?

प्रेमचन्द-परसाई
पास-पास बैठे–
पान चबाते हुए पूछेंगे मुझसे
मियाँ, ये माज़रा क्या है??

छाप क्यों नहीं देते इस ख़बर को
तुम 'जनयुग' के पहले पन्ने पर...

पर मियाँजी तो
संपादक की कुर्सी छोड़
भटक रहे होंगे सागर
'बड़े भैया' से बुन्देली शब्दों के
अर्थ पूछते–
पर अशोक वाजपेयी तो विराजे भोपाल
मिलेंगे वहाँ रज्जन नकियाते...

'बिन बोले कुलियन से कढ़ गए
अँसुअन बह गई धार
ठाड़े रहौ मोरे यार...'

देखो तो
देखो तो

कितने-कितने
और कैसे-कैसे
ओर-छोर हैं
कहाँ-कहाँ तक
मेरी इस भाषा के...

एक साँचे में कसी
फिर भी फूलों-गुँथी
महकती–
हज़ारों भंगिमाओं
और लाखों तराशों के साथ

मेरे देश की गलहार
ये मेरी भाषा मातामही
सारी भाषाओं के मध्य
वैदूर्य-मणि-सी सुशोभित जड़ी!

सारे संसार में
मर-खप कर
मैं अपनी–
भाषा में जीता हूँ
पाता अमर-फल संजीवनी!

फिर बड़े संकोच के साथ
देखता हूँ ख़ुद को–
भाषा के पारदर्शी आईनों में आर-पार

बड़ी विनम्रता के साथ
झुकाए हुए सिर–
रुँधे गले और आँसुओं के तार

बढ़ाता हूँ
डगमगाते डग पग-पग
बाहर टूटी चप्पलें उतार...

बड़ा डरते-डरते
मैं अपनी क्षमताओं
सारी सीमाओं–
और शक्तियों को
तौलता हूँ...

कि ये बोझ हिमालय का
यह रिक्थ परम्परा का   दाय यह
जीवन्त राग सदियों का : अनहद गूँज
उठा भी सकेगी मेरी यह काँपती कमज़ोर क़लम!

मैं अपनी आत्मा की
रौशनाई में रँग कर
कल्पना के सतरंगी पंख
ग्लोब अपनी बाँहों में घेर कर
उड़ जाता हूँ अनन्त–

किन्हीं अनजान
अज्ञात दिशाओं की ओर...

अपनी साँसों में भरकर
अपने इन-सब–
इन सब बुज़ुर्गों की साँसों की सुगन्ध!!

॥ कला की मृत्यु ॥

संगीत जब मर जाता है–
पियानो मेज़ में बदल जाता है।

कला की मृत्यु के साथ
बोझ बन जाते हैं साज़
साज़िन्दे जड़ से
हिलते हुए दाँत
मोम के पुतलों में
बदल जाते हैं
निस्पंद सब संगतकार।

सौन्दर्य से रहित
मुर्दा आँख के साथ
चित्रकला
बन जाती है
रेखाओं का जंगल और
रंगों का छपाछप कीचड़
जिसमें लथपथ लोग–
नीरस चीज़ों पर
बेजान बहस करते हैं।

कविता भी
कविता नहीं
रह जाती–
प्रज्वलित आत्मा
और ज़िगर से टपकते
लहू के मेल के बिना।

जहाँ आग-पानी का
यह खेल नहीं
जादुई–
और खिलंदड़ा
भाषा फिसल जाती है
भुरभुरी रेत की तरह
मुँह का ज़ायका
बेतरह बिगाड़ती
हक्-हक् हकलाहट के साथ।

बसेलीक़ा
और बेहया

अदाकार में
परिवर्तित हो जाता है
कलाकार फिर–
कला बदल जाती है
कलाबाज़ी
कसरत
और गलेबाज़ी में!

जब तूफ़ान
नहीं उठता
दिल में कभी...
आँखों में आँसू
होंठों से
फूल नहीं झड़ते
एक ही पल
एक ही साथ...

जब शिद्दत से
होता नहीं प्यार
किसी को
किसी से...

जब सुनाई नहीं देती
धमनियों में बजते
लहू की पुकार–
तो कला
ख़ामोश
हो जाती है
अपने-आप ही

और सदा-सदा के लिए!

रेत के
समन्दर में
नदी खो जाती है!

आसमान की
गहरी नीली
सुरंग में गिर जाते हैं
पर-कटे बादल
ढप्प से–
मुर्दा चील की लोथ की तरह।

उँगलियाँ भी
बदल जाती हैं
सख़्त-सूखी टहनियों-सी

गले में
उग आती है
नागफ़नी–

दिल दौड़ कर
बंद कर लेता है
अपने सब कपाट, खिड़कियाँ सभी!!

॥ दुनिया के भीतर से एक और दुनिया ॥

मेरे लिए बदल गई हैं
तमाम चीज़ें–

या कि फिर मैं ही
बदल गया हूँ शायद
इस क़दर कि भीतर-बाहर
सब-कुछ   सब-कुछ...

बाहर के भीतर से
कूद आया है बाहर
एक और बाहर–

जैसे कि भीतर
डूब गया है–
भीतर का एक और भीतर

जैसे कि बाहर के भीतर और
भीतर के बाहर के आर-पार
मैं अब नहीं रह गया हूँ मैं–
कहीं से भी वही ठीक पहले वाला

मेरे भीतर से
उमग कर उग आया है
कोई एक और ही बाहर!

चुप तो मैं
कभी नहीं रहा
बातूनी बड़बोला
फिर भी ईज़ाद कर रहा हूँ
भाषा के भीतर से–
कोई एक और ही नई भाषा

जैसे कि प्रेम के भीतर से
एक और प्रेम–
धड़कन के भीतर से धड़कन
तरबूज़ के भीतर से एक और तरबूज़!

जैसे कि ज़िन्दगी के भीतर से
एक और ज़िन्दगी–
विचारों के भीतर से एक और विचार

और दुनिया
जो दुनिया-जैसी
नहीं रह गई है नामुराद
कहीं से भी...

ऐ मेरे मौला!
मुझे माफ़ कर
गढ़ रहा हूँ मैं इसीलिए
अपने जैसे लोगों से मिलकर
इस दुनिया के भीतर से एक और दुनिया!!

॥ मुझे नमाज़ पढ़नी नहीं आती ॥

या ख़ुदा
मुझे माफ़ कर
मुझे नमाज़ पढ़नी
नहीं आती–

धुर बचपन से
मैं धार्मिक–
कभी नहीं रहा
सदा निरा नास्तिक

फिर भी
जाने क्यों
आज भी याद है
लेकिन गायत्री
ढेरों श्लोक–
'गुरु ग्रंथ साहिब' के पद
पूजा-पाठ के व्यर्थ कर्मकांड!

दोस्तों के साथ
जैन मंदिरों में
जा चुके हैं पंडितजी और
बुद्धं-शरणम् भी कई बार–

दोस्तों को
नौकरी दिलाने
और पादरी को
उल्लू बनाने
गले में पहनने लगा था
कभी मैं छोटा-सा क्रूस–

शोख़ ईसाई
छोरी के फेर में
मैं अक़सर–
चर्च भी जाने लगा था!

मेरे मौला
मुझे बता
फिर भी नमाज़ क्यों नहीं
आती मुझे–
क्यों मुझे वुज़ू करने की तमीज़ नहीं
या ख़ुदा, मैं आज तलक
किसी मस्ज़िद के भीतर नहीं गया!

कभी-कभी मैं सोचकर
बेहद शर्मिन्दा हो जाता हूँ
क्यों हो गया है ऐसा आख़िर...

यह मेरा ख़ौफ़ था
या निरी लापरवाही
इसे उपेक्षा कहूँ या फिर
मान लूँ नफ़रत का कोई छिपा जज़्बा

इस दूरी को आख़िर क्या कहूँ
मुझे बता दे मेरे मौला...

क्यों हो गया है ऐसा
कि हमारी कविताओं
क़िस्से-कहानियों से
ग़ायब हो गए हैं सैयद, सलमा, सलीम!

मेरी नास्तिकता
के बावज़ूद–
चल घर अपना
मुझे आज दिखा दे
ऐ ख़ुदाबंद मेरे...

तोड़ गए हैं जो घर तेरा
आज मुझे उस मस्ज़िद के
मिटे मलबे पै बिठा दे–

वुज़ू सिखा दे
नमाज़ रटा कर
मौला मुझे मेरे घुटनों पै झुका दे!

सालन नहीं है
तो कोई बात नहीं
टूटी तामचीनी की
थाली में सूखी रोटी
नमक-प्याज़ के साथ खिला दे

बड़ा प्यासा हूँ
क़र्बला से आज तलक
मेरे मौला–
मुझे टोंटीदार लोटे से पानी पिला दे !!

॥ फ़रियाद ॥

बुज़ुर्गों से सुना है
दुनिया में कुल
बीस ज़ुबानें हैं...

हे ईश्वर–
मुझे वरदान दे मैं कभी
इक्कीसवीं ज़ुबान में न बोलूँ!

बड़ी नफ़रत है–
मेरे ख़ुदा, गहरी नफ़रतें
चारों ओर इस दुनिया में

दे सकता है तो दे
मेरे मौला, मेरी बोली में
थोड़ी समझ और मिठास भर दे!

सरहदों के ज़ख़्मों से बँटी
युद्ध की लपटों में सुलगती
दुनिया की दुश्मनी के बीच
अल्लाह, मेरी भाषा में प्यार भर दे!

यदि नहीं कर सकता तू यह भी
तो मुझे भुला दे मेरी भाषा–
मुझ पर इतना तो रहम कर मेरे मौला
मेरी माँ-बोली से मुझे महरूम कर दे;

फ़िरकापरस्तों के ख़िलाफ़
मेरी जीभ में अंगार भर दे
या फिर उखाड़ ले जड़ से
नाक़ामयाब-नाफ़रमान ज़ुबाँ मेरी...

मुझे गूँगा कर दे–
बेज़ुबानों की बस्ती में फेंक
निरे अजनबी लोगों के हवाले कर दे;

ज़ालिमों-तानाशाहों से
कभी लड़ न सकूँ ग़र
तो हे ईश्वर, काट ले हाथ मेरे...

तमन्ना नहीं मेरी–
तुझे देखने या तुझ तक आने की...

दौड़ न पड़ूँ सुन कर
अगर पुकार अपनों की
या किसी भी मुसीबतज़दा
को देखकर फेर लूँ आँखें
तो प्रभु, मेरे पैर हर ले–

छीन ले मेरी आँखों की रौशनी
मेरे अस्तित्व, मेरे वज़ूद को ध्वस्त कर दे!!

॥ राग फ़क़ीरी ॥

बात मेरी है
और ढंग भी अपना निराला

तुम मियाँ ख़ुश रहो
ख़ुद पीठ हमीं ने मोड़ी है!

तुम रस्म कहो
या कोई रवायत
पाँव बढ़ा कर नई राह पर
हर बैसाखी ख़ुद छोड़ी है!

अपने-अपने रस्ते बेहतर
तुमसे हमें शिकायत क्या
तुम शिखर चढ़ो या महल पड़ो
यह सीढ़ी हमने तोड़ी है।

यह सरमाया किसे चाहिए
राग अमीरी तुम्हें मुबारक
अंतरिक्ष तक सीधे जाती
क्या डोर कभी हमने जोड़ी है!

हम तो ठहरे मस्त कलंदर
टुकड़ा-टुकड़ा जीवन जीते
लिए फ़क़ीरी क़फ़नी डाले
क्या अब भी यह थोड़ी है!

तुम जानो अंजाम-ए-ख़ुदाई
ज़ुबाँ-पत्थर, दिल चट्टानी कर
समझ-बूझ कर अपनी आँखें
ख़ुद तुमने ही फोड़ी हैं!

हमने जब भी ज़ुल्मत देखी
सूली पर मंसूर चढ़े हैं;
खड़ी तेग़ पर पाँव जमा कर
तब-तब चुप्पी तोड़ी है!

बने रहो तुम बाट जोहते
किसने किनके लश्कर देखे;
ज़बरजंग दुश्मन की हमने
बाँहें सदा मरोड़ी हैं!!

॥ फ़क़ीरों की ज़िद ॥

हमीं से होती है
सुबह
शाम–
हम से ही गुज़र जाती है।

हमारा ही सीना खोल कर
किसी बंद दरवाज़े की तरह
रात-रात भर–
तूफ़ानी हवाएँ बेख़ौफ़ बही जाती हैं।

आपकी तसवीर रह न पाई यहाँ
हम क्या करें–
ज़ुल्मतों के दौर में
मुहब्बतें मिटती हैं, शिकस्त खाती हैं।

क्या अब भी यक़ीं नहीं आता
पीठ मोड़ो, घुमाओ गर्दन–
हर उठा सर, वेधती सीधी नज़र,
कुचला जाता है, सज़ा पाती है।

नज़र नहीं आती दूर तलक अब
जूझने वालों की इनक़लाबी सफ़ें कहीं
हर तरफ़ छाया है शिकस्ती का आलम
उठती है जो भी लहर, पछाड़ खाती है।

यह कैसा मौसम है आजकल, देखो तो
दोस्त तक हो गए हैं सब बेपरवाह
लड़ने की कौन कहे, मियाँ अब तो–
मिल कर रोने की सदा भी नहीं आती है!

हक़-ओ-हक़ूक़ की लड़ाई तो अब दीग़र है
चूँ भी करोगे क़िबला, तो मारे जाओगे
उठा हुआ हाथ या आवाज़ भी विरोध की
सीधे जेल की राह या फाँसी दिलाती है।

हमें भी ज़िद है, सुनो हो, अपने होने की
हम रहें या यह फ़िरक़ापरस्ती निज़ाम–
आज़माइश है मियाँ, खुल कर अब तो
मिटेगी तानाशाही काली या पहले मौत आती है!

॥ दोस्त हमख़्याल ॥

मेरे बूट
ढूँढ लेते हैं
अपने-आप
मेरे घायल दोनों पैर

जैसे ढूँढ लेता है
बिस्तर मेरी थकान

और हवा में घुली
बीस प्रतिशत से ज़्यादा
ऑक्सीज़न ढूँढ लेती है
टूटती हुई मेरी श्लथ साँस।

अन्न-जल अन्न-जल
तलाश लेते हैं
मेरी अतृप्त क्षुधा
और समंदरों को
सोख कर पी जाने वाली
मेरी अनबुझ प्यास...

जैसे मीठी नींद
तलाश लेती है
मेरी पुतलियों में
अनगिन अधूरे सपने।

दुनिया में फैली
तिक्त कटुता
खोज लेती है
मेरा मन–

जैसे बंदूक़ की गोली
सरपट दौड़ता–
अपना मासूम शिकार।

एक सुन्दर लड़की
पढ़ लेती है–
मेरी आँखों में प्यार

जैसे सत्ता बग़ावत
मेरे विचारों में...

मेरे विचार
बढ़ कर–
खोज लेते हैं
मेरे दोस्त, हमख़्याल, हमदम।

॥ सब मारे जाएँगे ॥

मारे जाएँगे, कठघरे से पहले ही गवाह मारे जाएँगे
वक़ील मारे जाएँगे; नहीं मानेंगे हुक्म शाहों के
तो मुंसिफ़-मुलाज़िम सरे-आम सब मारे जाएँगे

शाह बने हैं वो जो मुज़रिम थे कल तलक
कौन पूछे हिसाब अब इनके ग़ुनाहों का–
जीभ कट जाएगी, सूली चढ़ेंगे, मियाँ मारे जाएँगे

भूलकर भी इनकी तरफ़ अब न उठाना उंगली कभी
जंग-ए-फ़तहों की कौन कहे, लड़े बिना ही सब मारे जाएँगे

तुम तो कहते हों कि यह बातें सब पस्ती की
मेरा कहना है कि कुछ न किया तो मारे जाएँगे

॥ मानुष राग ॥

चाँद मद्धम हो गया है
बुझने के क़रीब–
टपकने लगे हैं तारे एक-एक कर
इस कालिख-मढ़ी रात की झोली में!

फाँकों की तरह बँट चुके हैं सभी
कट गए हैं बोटियों की तरह–
लोग दानों की तरह बिखर गए हैं।

टूटते-फिसलते रिश्तों के साथ
पूरी दुनिया में गहरी
दरार खिंच चुकी है
आँख की पुतली में बाल पड़ गए हैं!

मैं भी भाग जाना चाहता हूँ दूर
मेरा हमवतन-हमज़ुबाँ–
निकट सम्बन्धी नहीं है कोई अब
न ही मैं किसी का भी सगा बचा हूँ!

इस अज़नबी परायेपन के बावज़ूद
बचा रह जाता है फिर भी कुछ
जो पहले मेरे खेत की मेड़ तोड़ता है
फिर सारे संसार के सब खेतों की!

एक खेत की
मनुष्यता का जल
इस तरह अंततः
दूसरे खेतों की मनुष्यता से मिल रहा है!!

॥ शाइरों के सपने ॥

बादशाहों के पास सलतनतें थीं
सिपहसालारों के पास फ़ौजें
और दंड न्यायाधीशों के पास;

मेरे पास भाषा है–
लोगों से बात करने के लिए!

शब्दों का ख़ज़ाना है शब्दकोशकारों के पास
वैयाकरणों के पास वाक्य-विन्यास ठस
ध्वनियों के रंगारंग झरने प्रवाहित–
ध्वनि-विज्ञानियों-भाषाशास्त्रियों के पास;

इतिहासकारों के पास क़िस्से हैं अरबों
फ़क़ीरों-दरवेशों के पास उनकी दुआएँ
मिठबोली लोरियाँ माँओं के पास–

मेरे पास शाइरी है–
दिल के ख़ून में रँग कर लिखी!

सपने हैं हमारे पास अपनी रूहों से बुने
मुस्तक़बिल की तामीर के नक़्शों से बिंधे!

॥ शिवालिक की घाटियों में ॥

शिवालिक की घाटियों में
घूमते हुए–
मैं एक पत्थर उठाता हूँ
करोड़ों साल पुराना
प्रागैतिहासिक प्रस्तर-खंड!

कम्प्यूटर की स्क्रीन पर
इस पत्थर की फ़ाइल खुले
तो पता चलेगा कि धरती
हमारी कैसे बनी–
बना कैसे समूचा ब्रह्मांड
आकाश-गंगाएँ और अनंत तारामंडल।

मैं उठाता हूँ यह पत्थर
मेरी हथेलियों में फिसलती हैं
पत्थर में क़ैद–
करोड़ों साल पुराने
आदिम जल की प्राचीन उछालें!

इन फ़ासिल्स चट्टानों में उभरे
करोड़ों साल पुराने किसी
ह्वेल के पूर्वज के ढाँचे से
आकर टकराती हैं–
हिन्दमहासागर के पुरखे की पुरातन लहरें।

यहाँ इस जीवाश्म चट्टान पर
सुनता हूँ मैं–
संवत्सरों के पार से आता
प्राचीनतम प्रकृति का पुरातन नाद!

शिवालिक के घने जंगलों में
विचरते हुए–
मैं एक टहनी उठाता हूँ
लाखों साल पुरानी
टेढ़ी-मेढ़ी एक लचकदार टहनी।

मेरी उँगलियों के पोरों पर
मुझे महसूस होती है–
सूखी टहनी में एक कँपकँपी
आदिम धनुष की लाखों साल पुरानी लचक!

नगाड़ों की गड्ड-गड्ड और
ढोल की थापों के बीच
जंगल में–
गूँजने लगती है
आव्याप्त एक आदिम टंकार!

सिरमौर की नृत्यांगनाएँ
गा रही हैं घूम-घूम
उनके गीतों के सुरों में
घुलने लगती है–
हज़ारों साल पुरानी कोई
मादक धुन!

हवा मुझे
ले गई है बहाकर
सहस्राब्दियों के पार–
अनुभव करता हूँ मैं झूम-झूमकर
पुरातन लय-ताल-छंद की मदहोशी!

एक गति है संगीतमय थिरकन
जो आदिम रहस्य की तरह
डुबोए दे रही है मुझे–
पिघलते हुए काल के नील भँवर में।

सुदूर सहस्राब्दियों-पार से
मेरे नासापुटों में आती है
भूनी जा रही ताजा–
यव-बालियों की जली-जली महक!

लाहौल-स्पीती के शुभ्र शिखरों से
नीचे ढलान में उतर कर
हरे विस्तार में फिसलते
मुझे रेवड़ मिलते हैं–
सदियों के कोहरे और धुंध को भेदते!

बकरवाल मुझे कंबल ओढ़ा कर
भेड़ के दूध की चाय और रोटी देते हैं
इस विशाल गर्म-गुफ़ा में–
चरवाहों की नमक-रोटी खाते
मेरी जिह्वा में घुलने लगता है
लाखों-करोड़ों साल पुरानी धरती का स्वाद!

इस वक़्त जबकि घड़ियों में बजा होगा
शिमला में आज का वक़्त
गिरती रही है
मेरी नींद में
रात-भर
कोई प्राचीन प्रागैतिहासिक बर्फ़...

मैं इसी क्षण
हाथ बढ़ाता हूँ अपना
उगते सूरज के लाल
गोले की तरफ़
दूसरी मुठ्ठी में
ताज़ा बर्फ़ उठाकर
मैं सुनता हूँ
कान लगा कर–
रिज़ से गुज़रते
जुलूस के जोशीले नारे!!

॥ सोचो तो... ॥

सोचो तो
क्या होगा जब
समुद्र बच रहेगा
बिना मछलियों
और बग़ैर जीव-जन्तुओं के

नमकीन मुर्दा जल का
असीम घिरा विस्तार–

चुभता आँख की
पुतलियों में–
टूटी हुई नुकीली
काँच की किरचों-सा।

नदियाँ तो
पहले ही
सारी की सारी
तब्दील हो चुकी होंगी
सूखकर–
रेत की लम्बी लकीरों में।

पानी होगा
ही नहीं कहीं
होगा भी अगर
बचा थोड़ा-बहुत
तो विरल हवा की थकान में
नहीं उठती होंगी लहरियाँ जीवन की।

पत्तों के बिना पेड़
फूल-पौधों-लताओं
और गुदगुदी घास के बिना
कैसे लगेंगे निचाट सूने-सूने
ये घुटमुंडे सपाट मैदान!

सोचो तो
क्या होगा जब
धरती से ग़ायब
हो जाएगा हरा रंग

क्या बचे
रह पाएँगे
तब भी तब भी
इन्द्रधनुष के बाक़ी सब रंग!

कैसे लगेंगे
सूखे पपड़ी-जमे
कुएँ, पोखर और ताल
झील एक शब्द
शब्दकोशों में।

धरती के
जिस्म पर
ज़ख़्मों के
सूखे फफोले उग आएँगे।

बादलों के बिना
रेत-सा–
तपता सूना
सूना आकाश
ओज़ोन की छतरी फट चुकी होगी!

बुझी राख-सी
नीरव उदास सुबह
पक्षियों की मधुर
मीठी चुनमुन बिना;
मौत की घाटी की तरह
घिरते अँधियारों में
शान्त शोक में डूबी शाम।

लगा सकेगा
इसका हिसाब
क्या कोई–
सूक्ष्मतम कैलकुलेटर

या वापस ला सकेंगे
इन सबको इन सबको
कभी कोई सुपर कम्प्यूटर??

सोचो तो सही
क्या होगा जब
धरती से उठ जाएगा
हमारा सुमधुर संगीत

तुलसी की कविता
सूरदास के पद
दिल को चीर देने वाली
मेरी मीरा की पीरा–
क्या करेंगे हम हाय
जब नहीं होंगे निराला के गीत!

सोचो तो ज़रा
भाषा के बिना
गूँगी-बहरी दुनिया
किन अजनबी अबूझ
इशारों में खो जाएगी

कवि तो बिलकुल ही
मर जाएँगे बेचारे
बचे-खुचे–
प्राकृतिक संग्रहालयों के
बार-बार चक्कर लगाते

माइक्रो फ़िल्में
देखते-देखते
आँखें फोड़ेंगे चित्रकार

मूर्तिकार
शिल्पी तब
ख़ुद ही–
बुत बन कर बेजान
खड़े रह जाएँगे स्क्रीन पर!

देखते-देखते
ठंडी पड़ जाएगी जब
रिश्तों की गर्मजोशी
सूख जाएगा अचानक
दोस्त हथेलियों के–
बीच का गंधाता नमकीन पसीना

देखते-देखते
उड़ जाएगी फुर्र से
प्यार की झिलमिलाती गुलाबी सुगन्ध!

जब कोई
गंध ही नहीं
बचेगी कहीं

न कोई
संवेग
न संवेदना
न कोई भाव ही बचेगा
जब इस अभाव में–

सोचो
ज़रा सोचो
तो सही–
तब भी क्या
घूमती रहेगी
हमारी पृथ्वी
इसी तरह इसी तरह
अपनी कक्षा पर हाँफ़ती
कमर से
साढ़े बाईस डिग्री झुकी-झुकी

सोचो तो
उलझ तो न
जाएँगी कहीं
नीहारिकाएँ भी
इन सवालों के
सुलझ जाने से पहले!

टकरा तो नहीं
जाएँगे सब
ग्रह-उपग्रह
और नक्षत्र सारे
आपस में–
हमारे इस ब्रह्मांड के
किसी बड़े ब्लैक-होल में
गिर कर
समा जाने से पहले
प्रलय की कल्पना का
नक़्शा उठाने से पहले!

होने को
कुछ भी
हो सकता है
भाई मेरे–
इस दुनिया में
हमारे ऐसा कुछ
सोच लेने से पहले!

क्या राजस्थान के चुरु में
होने लगेगी दुनिया में सबसे ज़्यादा बरसात
चेरापूँजी और मॉसिनराम को छोड़ कर?

और ढँक जाएँगी–
मेरे सागर की पहाड़ियाँ
बुढ़िया के बाल जैसी
नरम-नरम बरफ़ से?

नर्मदा और सोन
उल्टी बहने लगेंगी क्या
अमरकंटक के अपने उद्गम से
पश्चिम से पूरब और पूर्व से पश्चिम?

या फिर अपनी ख़ूबसूरत गर्दन की
लम्बाई घटाने लगेंगे जिराफ़ और शुतुरमुर्ग?

॥ समुद्र और मछेरे ॥

समुद्र मछेरों का जीवन है
समुद्र ही मौत है मछेरों की।

समुद्र से ही
जनमते हैं मछेरे
आते हैं बाहर–
लहरों को चीरते हुए...

समा जाते हैं
उन्हीं हुंकारती
लहरों में फिर
सँवलाई देह की
हलकी डोंगी के साथ!

सभी मछुआरे
कभी-न-कभी
गहरे डूब जाते हैं
खुली आँखों वाली
मछलियों के साथ
अन्तिम नींद में खोकर अपनी।

मछेरों की
आशा-निराशाओं
भावनाओं-संवेदनाओं का
उफ़नता ज्वार है समुद्र–

समुद्र अथाह
उनके प्यार का
मूँगा-मोती है
उनकी प्रीत का
पुखराज

नीला-नीला
नीलम है
नेह का
नीलावरण–
स्नेह का, दुलार का

प्रेम का पन्ना
हरा-हरा
हरियाली
मछुआरों के जीवन की।

समुद्र–
रत्नाकर है
मछुआरों के लिए
अपने सही अर्थों में

रंगों-उमंगों का
इन्द्रधनुष है सतरंगा

समुन्दर
कुबेर है

मछुआरों के लिए
समुद्र–
अक्षय अन्नदाता
उनकी रोज़ी-रोज़गार
उनका त्योहार है समुद्र।

समुन्दर
जब साँस लेता है
मछेरों का दिल धड़कता है
समुद्र का जल खारा
अनवरत बहता है–
उनकी नसों के संजाल में
नमकीन लहू लाल-लाल बनकर।

उनकी पूजा है
अर्चना है
नैवेद्य है
समुन्दर प्रसाद है मछेरों का

गणेश है
विघ्नेश है
समुन्दर ही
ईश है
ख़बीश है
समुद्र लक्ष्मी है
और लक्ष्मीपति भी!

समुद्र है
शिव-अशिव
देवी-देवता
आत्मा-परमात्मा
भूत-प्रेत प्रेतात्मा
विश्वात्मा है समुद्र

मंत्र-तंत्र
जादू-टोना
अक्षत-रोली
मछेरों के लिए
सभी कुछ तो है समुन्दर।

सगा-सम्बन्धी
सरीक़ेदार
रिश्तेदार

समुद्र ही तो है
मछेरों का कुल-कुटुम्ब
सबसे निकट का नातेदार

बेटा-बेटी
बहन-भाई
सगा-सहोदर है समुद्र

मछुआरों का
बड़ा-बूढ़ा और बुज़ुर्ग
सोने की लम्बी दाढ़ी वाला
जब वे हर शाम
उसके आशीर्वाद-तले
मछलियों का ढेर लिये आते हैं जाल समेटे।

दरअसल
समुद्र तो
सभी मछेरों के
पुरखों का भी–
पुरातन पुरखा है आदिम!

मछुआरों के लिए
समुद्र–
कामधेनु है
कल्पवृक्ष है समुन्दर मछेरों का!

एक दिन
जब समुद्र
जल-थल का

भेद मिटाता अभेद
उफ़नता
हुआ आता है
अपने-आपसे बाहर–
तोड़ता
सीमा-मर्यादा सब अपनी

एक दिन जब
सभी ओर सभी ओर
जल ही जल होगा–
असीम
निस्सीम नीला जल
पृथिवी
आप्लावित जलमग्न
डूब चुकी होगी समुन्दर में...

तब
हाँ, तब
इनमें से
कोई एक
मछुआरा
अपने युगान्त का
मनु बन कर–
बचाएगा बचाएगा
कल्पान्तर में सृष्टि को...

हमारी सभ्यता, हमारी प्रजातियाँ और उनके बीज सब!!

॥ संगीत ॥

ग्वालियर में तानसेन की मज़ार पर
इमली की पत्तियाँ चबा कर
मैंने अभी-अभी
माँडू की यात्रा की है...

रानी रूपमति और बाज़बहादुर के
प्रेम-प्रीत और गीत-संगीत का
माँडू अमर-अपार्थिव स्मारक

मैंने उन्हें देखा नहीं है
सिर्फ़ क़िस्से सुने हैं
लेकिन फिर भी मैं
महसूस कर सकता हूँ
उनका प्यार–
क्योंकि मैंने भी किया है प्रेम किसी से।

मैंने तानसेन को भी
देखा नहीं है
किंवदंतियाँ ही सुनी हैं
बैजूबावरा के बारे में भी
उनका संगीत मैंने कभी नहीं सुना

मैं कल्पना कर सकता हूँ
लेकिन फिर भी–
उस अलौकिक संगीत की
मोहित कर डालने वाली
उस कला के आव्याप्त प्रभाव की।

मैं कल्पना
कर सकता हूँ भलीभाँति
क्योंकि सुना है मैंने बचपन से
दिल की गहराइयों से संगीत
डूब चुका हूँ आकंठ उसमें–
लहरों की उठती-गिरती मादक ऊँचाइयों में।

मैहर में मैंने साक्षात्
जीया है संगीत कई बार
बाबा अलाउद्दीन के साथ
मंत्रबिद्ध-स्तंभित मैं–
बैठा रहा हूँ रात-रात भर
आवेष्टित राग-रागनियों से लिपट कर।

मैंने सुना है
कुमार गन्धर्व
और भीमसेन जोशी का गायन।

मोहाविष्ट कर डालती है मुझे
अभी भी बिस्मिल्लाह ख़ाँ की
शहनाई से फूटती भैरवी की तान!

मैं सुनता रहा हूँ
विलायत ख़ाँ और
रविशंकर का सितार
तानपूरे के कंपित तारों से
जगमग-जगमग झरते–
जुगनुओं की तरह जगमगाते राग।

अल्लारक्ख़ा ख़ाँ के तबले
की ग़मक मुझे–
भीतर से आड़ोलित कर
ऊपर से नीचे
नीचे के ऊपर
बादलों के झूले पर ला झुलाती है

पिघलती चाँदनी रात में जहाँ–
ओस झरती रहती है अमृत की बूँदें बन!

मैंने बारंबार सुना है
अली अक़बर ख़ान और
अमजद भाई का सरोद
शिवकुमार शर्मा का सतरंगा संतूर

मैं सुध-बुध भूल जाता हूँ
अपने होश खोकर–
पन्ना लाल घोष और
हरिप्रसाद चौरसिया की बाँसुरी सुनकर।

समुन्दर की लहरों पर तैर जाता हूँ
मैं किशोरी अमोनकर के अलाप सुन
मैंने टीकमगढ़ की
फूटी मढ़ैया में
'अम्मा'* के हाथों बनी खैनी खाई है
मेरे दिल को चीर देती है दहलाती
गायन के बीच ख़ून उगलती 'अम्मा' की खाँसी।*

बिरजू महाराज की द्रुत लय
और फिरकियों की गति से
मुझे लगता है एकाएक–
रुक गई हैं दिल की धड़कनें
धरती भूल गई है ठगी-सी
अपनी कक्षा में नाचना!

निज़ामुद्दीन औलिया की
दरगाह पर क़व्वालियाँ
और वडाली-बंधुओं का 'बुल्लेशाह'
सूफ़िया कलाम मुझे पागल बना डालते हैं

मेरा कलेजा
चीर कर रख देती है आज भी
ओए! वारिस शाह की 'हीर' जालमाँ–

---

* मशहूर ध्रुपद गायिका असग़री बाई जो वृद्धावस्था और तपेदिक में, निहायत ग़रीबी में, बीड़ी बनाते हुए भुखमरी की ज़िन्दगी बिता रही थीं। मैं अपने दोस्त 'बुक्का' के साथ जब भी टीकमगढ़ जाता, घंटों उनसे बातें करता और ध्रुपद के साथ ही उनके संस्मरण सुनता। अक्सर मेरे साथ छकौड़ी (गुरुदेव रिछारिया) होते और कभी-कभी चन्दू (चन्द्रभूषण श्रीवास्तव) भी।

"डोली चढ़दयाँ मारियाँ हीर चीकाँ
मैंनूँ लै चल्ले बाबला लै चल्ले वे...

लै वे राँझया रब्ब नू सौंपयों तूँ
असीं जालमा दे वस पै चले वे..."

मैं तो बचपन से
दीवाना हूँ–
यहूदी मेनुहिन की वायलिन का।

अरबों के क़ाफ़िला-संगीत को सुन
मैं मस्ती में झूम जाता हूँ–
थिरकने लगता बदन पूरा 'सालसा' की 'बीट' पर।

मैं आज भी
इन सबकी
इन सबकी कला के जादू से
बँधा हुआ हूँ–
अपनी रूह की अनन्त गहराइयों तक!

मेरे इर्द-गिर्द इस
रंगारंग दुनिया में
सबके अलग-अलग
पहनावे और खान-पान हैं
रीति-रिवाज़ भी–
सभी के भिन्न और
अलग-अलग हैं

इस दुनिया में

सबके धर्म अलग
कर्म अलग–
अलग सबके नाम हैं
भाषाएँ-बोलियाँ भी
सभी की तो अलग हैं
अलग सबके मिज़ाज और अलग अंदाज़ हैं।

जोड़ती है
कहीं फिर भी
सभी के दिलों को
तान कोई मधुर संगीत की।

कविता की तरह
संगीत अलग करता है
पशु-जगत् से मनुष्य को

स्रष्टा है मनुष्य और
साथ ही आस्वादक भी
गुण-ग्राहक संगीत और कला का।

संगीत
तत्वतः
आत्मा की
उम्दा ख़ुराक है
और सुकून–
हर रूह और दिल का

संगीत एक दुनिया है अलग–
महारास में खोया मन-बृन्दावन

जहाँ पहुँच कर
हर देह–
एक बीन में
बदल जाती है
और धड़कनें
पखावज में

सारी सृष्टि फिर
अंतहीन
नृत्य की
लय में खो जाती है।

संगीत स्वयं
एक राग है
ऐसा अलौकिक
साथ ही विराग भी
जहाँ अव्यक्त और व्यक्त का
अमूर्त और मूर्त का
सूक्ष्म और विराट् का
संगम है राज और विराज का

जहाँ सारी भाषाएँ
सभी धर्म और
सारी संस्कृतियाँ
घुलमिल जाती हैं एकरस!

जहाँ गल्प की मीठी नदी के
एक घाट पर–

पानी पीते हैं शेर और बकरी
जहाँ मोहित खड़े रह जाते हैं ठगे-से
हिरन और हिरनियों के झुंड...

संगीत सुनते हुए
मनुष्य
अपनी देह से परे जाकर
स्थान और समय–
दोनों से
विस्थापित होकर
किसी दूसरे के सपनों में
चला जाता है
संक्रमित होकर
कालातीत और पदार्थ से परे अनन्त में

जहाँ पिघलती हुई बरफ़ में
ज्योतित होती हैं भभक कर
गेरुआ-सिन्दूरी हवनकुंड की
प्रज्वलित ज्वाल-मालाएँ–
जिनमें जलते जाते हैं गिर-गिर कर
दैत्यों-दानवों और देवदूतों के टूटे हुए पंख!

जहाँ धुआँधार
बारिश के बीच
बहती रहती है
रेगिस्तान में–
सीपियों, घोंघों, शंखों और
उखड़ी हुई वनस्पतियों के साथ
घड़ियालों से भरी हुई एक सदानीरा!!

॥ हमारा घर ॥

साँझी सद्‌भावनाओं की
नींव पर–
टिका है हमारा घर।

घर–
हमारा प्यारा घर

थक कर
लम्बाई में
लेटा हुआ
कमरा मेरा
किताबों-पत्रिकाओं के
भारी बोझ-तले
झुका हुआ विनत
हमारा प्यारा घर–

यहाँ आते हैं सब
कभी-न-कभी
कई बार-बार...

रास्ता तलाशते हुए दोस्त
अजनबी-अपरिचित मेहमान
दोस्ती की नक़ाब में
दुश्मन भी कभी इरादतन

सबकी आहट
पहचान लेता है
हमारा घर–

जानता है
ढँके-छिपे
या उजागर इरादे सबके।

शक्ल
ताड़ लेता है
सभी की–

दूर ही से
हमारा घर
फ़र्क़ कर सकता है

फ़र्क़ कर
सकता है
बख़ूबी–
हमारा घर
दिल से निकली
शुभ-कामनाएँ
निश्छल आवेग
या पर्दे में छिपी
बददुआएँ

इन सबमें
फ़र्क़ कर सकता है
हमारा घर–

ईमानदारी से बढ़े हाथ
दोस्ती की गर्म हथेलियाँ
या कि नफ़रत से दग्ध
कंजी पुतलियाँ–

फ़र्क़ कर सकता है
उठी हुई मुट्ठी
आँखों में प्यार
और पीठ पीछे छिपे
क़ातिल इरादों के ख़ूनी बघनखे!

दोस्तों के लिए
कद्दू की सब्ज़ी
एक आत्मीय गर्माहट
ठिठुरन में शीत की–
गुड़ की चाय है हमारा घर!

शत्रुओं के आगे
अजेय क़िले की तरह
तन जाता है बढ़ कर
हमारा घर–
दुर्ग-कालिंजर या
क़िला अजयगढ़ का!

इसकी दीवारें
बदल जाती हैं
नुकीली बुर्ज़ियों में
क्रोधावेग में–
तपने लगता है फ़र्श।

हमारी तमाम
बेशुमार मुसीबतों
के ख़िलाफ़–
एक कवच अभेद्य
ज़िरह-बख़्तर है हमारा घर।

पस्ती के आलम में
मस्ती का मेला–
ख़ुशबू ख़ुशियों की
उदासी में तेज़

तीख़ी शराब है
हमारा घर...

एक गीत
एक ख़ंजर
एक साज
एक धुन
आत्मा में उतर जाने वाली

मीठी लोरी की
मद्धिम आवाज़ है
हमारा प्यारा घर।

बेहिचक
चले आओ
रुको नहीं झिझकते
चले आओ बेधड़क
ओ, अपरिचित अतिथि
निस्संकोच भीतर चले आओ

तुम्हारे स्वागत में
खुला है दरवाज़ा
बाँहें फैलाए–
झुक आई है छत नीचे
आदर से सिर नवाए

अभावों के
बीच भी
भावों की लौ दिप रही है!

लेकिन–
सुनो ज़रा
प्यारे आगंतुक
चौखट लाँघने से पहले
सोच लो दो बार...

फेंक तो
आए हो न
बाहर–
सारी ईर्ष्या
समूचा विद्वेष
छल-कपट सब
तमाम चालें दोग़ली...

आज की–
चतुर-चालाक
दुनियादारी सब
और उसके ख़ूबसूरत
पाखंड में लिपटी हुई
ज़हर-बुझी कुटिल तिरछी मुस्कान!

ओ, आगत
तुम्हारा स्वागत!

स्वागत–
कि आओ
इस घर-आँगन में
अपनी थकान

मीलों-लम्बी
यात्रा की मिटाओ
होकर तरोताज़ा
पहले अपनी भूख-प्यास से
निजात पाओ भरपेट
तब इत्मीनान के साथ हाथ मिलाओ

फिर करेंगे हम बातें
सुलझाएँगे मतभेद
बहस-मुबाहिसे में करेंगे रातें

सुनेंगे
सुनाएँगे
कविताएँ भी
अपनी और दूसरों की
साहित्य और राजनीति की
दोधारी तलवार पर–
पूरी-पूरी रातें हम दौड़ लगाएँगे!

यहाँ–
खुली छत पर
बिछी हुई है
छितरी हुई–
चतुर चाँदनी
और नीले चँदोवे से
शरारत से झाँक रहे हैं
खिल कर बिखरे हुए
झिलमिल-झिलमिल तारे

रातरानी की
महक से भीगी
हवा की मलमली लहरियाँ
हल्के साज़ की तरह ख़नक रही हैं

चटक कर फूट रही हैं
चम्पा-चमेली की कलियाँ
जहाँ घुल रही है–
धीमी-धीमी सर्दियों की बारिश की रागिनी!

ज़ालिम
ज़माने के
कच्चे ज़ख़्मों को
जहाँ अब नींद
आ रही है...

सपनों से भारी
पलकों के बीच
एक जाती हुई
पुरानी दुनिया की
परछाईं के आगे कहीं
एक नई दुनिया की–
कोई तदबीर कहीं तो उभर पा रही है!!

●●●